前　言

Preface

　　2020年3月20日，中共中央、国务院发布了《关于全面加强新时代大中小学劳动教育的意见》，对新时代劳动教育作出顶层设计和全面部署。党的二十大报告中指出要"办好人民满意的教育"，强调"全面贯彻党的教育方针，落实立德树人根本任务，培养德智体美劳全面发展的社会主义建设者和接班人"。劳动教育是中国特色社会主义教育制度的重要内容，直接决定着社会主义建设者和接班人的劳动精神面貌、劳动价值取向和劳动技能水平。劳动教育肩负着深入实施科教兴国战略、人才强国战略、推进中国式现代化伟大事业、促进大学生全面发展的重任，必须予以高度重视。

　　我们立足党中央、国务院全面加强新时代劳动教育的宏观背景，认真学习领会党的二十大精神及有关劳动教育的制度文件，紧密结合新时代劳动教育的内涵和特征，根据高等学校人才培养目标及要求，结合大学生劳动教育的现状，编写了本教材。本教材的编写目标是：坚持立德树人，把劳动教育纳入人才培养全过程，使学生深刻认识劳动在人的个体发展和社会进步中的重要意义，为促进学生德智体美劳全面发展而补齐补足劳动教育短板；使学生深入理解马克思主义劳动观，懂得劳动精神、劳模精神、工匠精神的科学内涵和时代价值，懂得农民精神、医护精神、师范精神、科学家精神、个体创业者精神等不同行业精神的科学内涵和时代价值；帮助学生树立正确的劳动观念、养成良好的劳动习惯、锻造一定的劳动能力，涵养学生热爱劳动、尊重劳动、崇尚勤俭节约、珍惜劳动成果和热爱劳动人民的真挚情感，从而促进学生专业成长。

　　本教材在体例结构、思想内容方面有如下特色：

　　1. 打破了纯理论或纯实践指导框架束缚，做到理论与实践的融合。对劳动精神和行业精神的阐释注意与案例相结合；以劳动教育融合创新策略可以为高校提供劳动教育思路；配套实践指导手册可以助力实践教育，这些共同构建了既有普适性又有代表性的富有特色的教材体系。

　　2. 内容上既涵盖了劳动精神、劳模精神、大国工匠精神，又重点突出了有代表性的行业精神，互为补充，相互关联；既有规范、可信度高的理论阐释，又有翔实、突出新时代特点的典型案例，相互映衬、浅显易懂；还有可操作性强的实践指导手册。

3. 较好地把握了育人导向，突出劳动精神的学习领会、正确劳动观的培育塑造、良好劳动习惯的养成教育和劳动技能的培养训练；较好地遵循了教育规律，根据大学生身心特点，通过典型的人物和事例诠释精神、阐释理论，并辅之以高质量、高品位的微课视频，有血有肉，形象生动；较好地体现了时代性，突出了新时代特征，所选例子均是社会上影响深远、极具正能量的典型案例，与新技术、新产业、新业态相呼应，所述各种精神均是紧紧围绕劳动精神发散开来的，具有很强的代表性。

4. 具有广泛的适用性，大学本科学生、高职高专学生皆可选用。又因编者以师范类院校、民族类院校为主要实践参照，本教材对于内地西藏班校、内地新疆班校、少数民族预科班校等都有较强的适用性。

在本教材的编写过程中，我们借鉴了国内许多专家、学者的研究成果，参阅了大量书籍、报刊和网站资料。在此对相关作者表示诚挚的谢意！

本教材由河北师范大学附属民族学院李保堂教授、肖卓峰副教授和贾秦任主编，李保堂负责教材内容框架设计和文字审阅统筹，肖卓峰负责出版联络和具体工作协调。贾秦负责统筹微课录制、教学资源配套建设、教学成果申报等工作。具体编写分工为：第1、2、3、4、5、6、7章分别由肖卓峰、路正国、王际川、高山、贾秦、王磊、王兴玉编写；第8章由姬龙涛和桂洁编写；第9章由李保堂编写；劳动教育实践指导手册由李保堂和芦洋编写；桂洁和贾秦负责微课制作。

尽管在编写过程中编者做出了积极努力，但由于水平有限，难免有疏漏和不妥之处，希望广大读者予以指正，在此表示感谢！

编委会

新编21世纪高等职业教育精品教材

通识课系列

新时代大学生劳动教育教程

主　编　李保堂　肖卓峰　贾　秦

副主编　王　磊　高　山　芦　洋

　　　　桂　洁　王际川　王兴玉

中国人民大学出版社

·北京·

新时代大学生劳动教育教程

编委会

目 录

Contents

第 1 章

劳动概述

▶ **知识目标**：了解劳动的含义、类别和重要性；了解新中国劳动教育的发展历程，掌握新时代劳动教育的内容和意义，逐步树立正确的劳动价值观；了解新时代劳动精神的科学内涵、培育途径和劳动榜样的优秀事迹。

▶ **能力目标**：通过知识学习和劳动实践，培育劳动意识，培养劳动习惯、创新精神和动手能力。

▶ **价值目标**：树立正确的劳动观，增强对劳动的情感认同、理性认知和实践自觉，实现德智体美劳全面发展。

知识脉络图

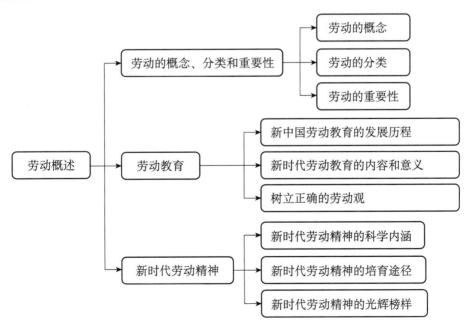

1.1 劳动的概念、分类和重要性

1.1.1 劳动的概念

在从猿到人的进化过程中，劳动起着决定性作用。通过劳动，人形成和发展了劳动机能，具备了劳动能力；通过劳动，人学会了制造生产工具，并使用生产工具开展劳动；通过劳动，人们创造了精神财富和物质财富来满足自身生存、发展和繁衍的需要；通过劳动，人和人之间形成了一定的社会关系，形成了人类文化。

劳动是人类实践活动的一种特殊形式，多指创造物质财富和精神财富的活动，即能够对外输出劳动量或劳动价值的人类活动，是人类社会生存和发展的基础。劳动是人维持自我生存和自我发展的唯一手段。

在《中国大百科全书（哲学卷）》中，劳动被定义为：人类特有的基本的社会实践活动，也是人通过有目的的活动改造自然对象并在这一活动中改造人自身的过程。在经济学中，劳动则是指劳动力（含体力和脑力）的支出和使用。

《教育大辞典》将劳动定义为：劳动力的使用和消费。劳动首先是人和自然之间的过程，是人以自身的活动来引起、调整和控制人和自然之间的物质变换的过程。生产与利用生产工具，并在一定的社会关系中进行劳动，是人和动物的本质区别。

恩格斯在《劳动在从猿到人的转变中的作用》一文中指出："我们在某种意义上不得不说：劳动创造了人本身"[1]。所谓劳动，是指人们运用一定的生产工具，作用于劳动对象，创造物质财富和精神财富的有目的的活动。劳动是人类社会存在和发展的最基本的条件，劳动在人类形成过程中起决定性的作用。

马克思在《1844年经济学哲学手稿》中曾经指出，整个所谓世界历史不外是人通过人的劳动而诞生的过程。[2] 马克思在《资本论》中对劳动做了具体的规定和论述："劳动力的使用或利用就是劳动。"[3] 劳动力的买者消费劳动力，就是让劳动力的卖者劳动。劳动是人的自我实现，是劳动者体力和智力的表现。在劳动这一真正的活动过程中，人使自己得到了发展，成为人自身。劳动不仅是达到目的即产品的手段，而且是目的本身，是人的本质能力的一种有意义的表现，因而劳动是一种享受。

习近平总书记2015年在庆祝"五一"国际劳动节暨表彰全国劳动模范和先进工作者大会上讲道："劳动是人类的本质活动，劳动光荣、创造伟大是对人类文明进步规律

---

① 马克思，恩格斯.马克思恩格斯文集：第9卷.北京：人民出版社，2009：550.
② 马克思，恩格斯.马克思恩格斯全集：第42卷.北京：人民出版社，1979：131.
③ 马克思，恩格斯.马克思恩格斯全集：第43卷.2版.北京：人民出版社，2016：179.

的重要诠释。"

概言之，劳动是人们特定的社会活动形式，是为了实现他们的物质与精神需求，有目的地调节或改善自然界的社会实践活动。

1.1.2 劳动的分类

人们通常把劳动分为三大基本类型：体力劳动、脑力劳动和生理力劳动。其中，体力劳动是指以人体肌肉与骨骼的劳动为主，以大脑和其他生理系统的劳动为辅的人类劳动；脑力劳动是指以大脑神经系统的劳动为主，以其他生理系统的劳动为辅的人类劳动；生理力劳动是指除了体力劳动和脑力劳动以外的其他形式的人类劳动。一般的人类劳动由脑力劳动、体力劳动与生理力劳动按照不同的比例关系组合而成。通常意义上的脑力劳动是指脑力劳动占主要比例的复合劳动，体力劳动是指体力劳动占主要比例的复合劳动，生理力劳动是指生理力劳动占主要比例的复合劳动。

从价值分析的角度出发，马克思把劳动分为简单劳动和复杂劳动。所谓简单劳动，即每个没有任何专长的普通人的机体平均具有的简单劳动力的耗费，而复杂劳动相当于多倍的简单劳动。比社会平均劳动较高级、较复杂的劳动是这样一种劳动力的表现，这种劳动力比普通劳动力需要较高的教育费用，它的生产要花费较多的劳动时间，因此它具有较高的价值。

从呈现方式的角度出发，马克思把劳动分为体力劳动和脑力劳动。体力劳动和脑力劳动与简单劳动和复杂劳动是一对既相互区别又相互联系的概念。简单劳动通常又称为体力劳动，而复杂劳动通常称为脑力劳动。脑力劳动和体力劳动的分工是人类劳动发展到一定阶段时出现的。在原始社会中，由于共同生活的群体内部不能提供剩余产品，因此有劳动能力的人都要参加体力劳动，这时还没有产生专门从事脑力劳动的人。但是，随着生产力水平的不断提高，共同生活的群体内部产生了剩余产品，就逐渐形成了从事单纯体力劳动的群众同管理劳动、经营商业和掌管国事以及后来从事艺术和科学的少数特权分子之间的大分工。从此，脑力劳动从体力劳动中分离出来。随着资本主义的发展，机器大工业把科学技术融入生产过程，导致从事科学技术研发和生产管理的人员从直接生产活动中分离出来，实现了脑力劳动与体力劳动较为彻底的分离。

从资本主义商品生产的角度出发，马克思把劳动分为具体劳动和抽象劳动。一切劳动，从一方面看，是人类劳动力在生理学意义上的耗费；作为相同的或抽象的人类劳动，它形成商品价值。一切劳动，从另一方面看，是人类劳动力在特殊的有一定目的的形式上的耗费；作为具体的有用劳动，它生产使用价值。具体劳动各不相同，有质的差别。抽象劳动是撇开具体形态的一般的无差别，没有任何质的区别的一般人类劳动。具体劳动和抽象劳动是生产商品的同一劳动的两个方面。其中，具体劳动创造商品的使用价值，抽象劳动作为撇开劳动具体形式的无差别人类一般劳动，是价值的源泉。

从主客体关系的角度出发，马克思把劳动分为异化劳动和自由劳动。马克思在

《1844年经济学哲学手稿》中首次提出异化劳动的概念，认为劳动在私有制条件下发生了异化，即人的物质生产与精神生产及其产品变成异己力量，反过来统治人。在资本主义社会中表现为资本奴役劳动、统治人。这种异化劳动在为资产阶级创造物质财富的同时，造成了工人阶级自由本性的丧失。异化劳动是受一定生产关系制约的历史现象，将随着资本主义生产关系的灭亡而消灭。自由劳动是人和自然之间的过程，是人以自身的活动来引起、调整和控制人和自然之间的物质变换的过程，是人的自由自觉的本质力量的客观显现。

从劳动的自然形态角度出发，马克思把劳动分为生产劳动与非生产劳动。生产劳动指创造物质财富的劳动，非生产劳动指不创造物质财富的劳动。其中，生产劳动体现生产关系的本质。在原始社会中，人们在生产劳动中结成原始的平等互助关系，共同狩猎、采集食物，平均分配消费品。在奴隶社会中，劳动产品出现剩余，奴隶主阶级占有生产资料并完全占有奴隶，毫无人身自由的奴隶完全在奴隶主强制下进行生产劳动，劳动产品全部归奴隶主占有和支配，奴隶只能从奴隶主那里得到最低限度的生活资料。在封建社会中，农民通过租种地主的土地进行生产劳动，地主通过榨取地租和放高利贷等剥削方式占有农民大部分劳动成果。在资本主义社会中，资本家占有生产资料并无偿占有工人在剩余劳动时间内创造的全部剩余价值，只有生产剩余价值的劳动才被看作生产劳动。我国社会主义经济制度的基础是生产资料的社会主义公有制，即全民所有制和劳动群众集体所有制。社会主义公有制消灭人剥削人的制度，实行各尽所能、按劳分配的原则。国家在社会主义初级阶段，坚持公有制为主体、多种所有制经济共同发展的基本经济制度，坚持按劳分配为主体、多种分配方式并存的分配制度。中国特色社会主义进入新时代，各族人民在中国共产党的领导下，劳动是一切有劳动能力的公民的光荣职责，广大劳动者以国家主人翁的态度参加生产劳动。

根据不同的划分标准和视角，劳动还有很多不同的分类，本教材中谈到的劳动主要指体力劳动和脑力劳动。

1.1.3 劳动的重要性

1. 劳动促进人类进化

恩格斯指出："劳动是整个人类生活的第一个基本条件，而且达到这样的程度，以致我们在某种意义上不得不说：劳动创造了人本身。"[1] 在由古猿逐步进化到现代人的过程中，大脑的容积也日益扩大。早期人们在利用自然工具的过程中，也逐步学会了制造工具。由于制造工具的过程日益复杂，他们的头脑也显得日益成熟，并在群居生活中逐步产生了语言，从而渐渐进化成为现代的人类。工具的生产与应用也推动着大脑的进一

---

[1] 马克思，恩格斯. 马克思恩格斯文集：第9卷. 北京：人民出版社，2009：550.

步发展，而大脑的发达也增强了人们制造工具的能力；能够使用火是人和动物之间的一个巨大不同，因为早期的人们用火烤制食品来吃，提高了人体的营养，也促进了大脑的发育，从而提升了他们在大自然中的生存能力；而语言的产生使人们相互之间能够良好地沟通和协作。在人类的进化过程中，劳动是一种关键因素。劳动使人们的身心得以和谐健康发展，并最后进化成大自然的强者。习近平总书记指出："劳动创造了中华民族，造就了中华民族的辉煌历史，也必将创造出中华民族的光明未来。"①

2. 劳动创造社会财富

2013 年 4 月 28 日，习近平在同全国劳动模范代表座谈时指出："劳动是财富的源泉，也是幸福的源泉。人世间的美好梦想，只有通过诚实劳动才能实现；发展中的各种难题，只有通过诚实劳动才能破解；生命里的一切辉煌，只有通过诚实劳动才能铸就。"人类社会的一切财富，包括物质财富和精神财富都是通过劳动创造出来的。一方面，劳动将人同外在的客观世界相连接，使人的本质力量直接作用于客体世界，从而不断改善客体世界，提供更丰富的物质财富，提高人的生存水平，满足人的物质需要。人类社会从古到今，衣、食、住、行、用的一切物质资源都是由劳动提供的。另一方面，劳动使人的本质力量得以释放，劳动能够创造丰硕的精神成果，满足人的精神文化需求。人类发展至今所积累的精神财富无一不是由劳动创造的。

3. 劳动开创美好未来

劳动促进了社会进步与发展，给人们带来了美好享受。在我们的周围，每天随处可见那些辛勤的劳动者的身影。农田里的农民在精耕细作，工地上的建筑工人在铺砖盖瓦，生产车间里的工人在埋头苦干，大街上的清洁工人在打扫卫生，公路上的交通警察在疏导交通、维持秩序，课堂上的老师在传播知识、教书育人，医院里的"白衣天使"在救死扶伤……他们各自都在勤勤恳恳地付出体力劳动与脑力劳动，去创建美好的明天，去实现心中的梦想。劳动创造美好生活。正是因为劳动创造，我们拥有了历史的辉煌；也正是因为劳动创造，我们拥有了今天的成就。在中国特色社会主义制度下，广大劳动者通过劳动实现物质文明和精神文明的共同提高，达成个人的自由与发展，也必将通过劳动实现中华民族的伟大复兴。

 课后研讨与实践 ////////////////////////////

1. 请简要谈一谈劳动的分类。你都参加过哪些劳动？
2. 请简要论述在人类社会发展过程中劳动的意义和作用。

① 习近平. 在同全国劳动模范代表座谈时的讲话. 人民网，2013-04-28.

1.2 劳动教育

1.2.1 新中国劳动教育的发展历程

新中国成立至今，劳动教育经历了七十余年的发展历史。在不同的历史发展阶段，我国形成了与当时社会背景相吻合的劳动教育体系，有鲜明的时代特征。

1. 新中国成立初期的劳动教育

新中国成立初期，为了改变社会经济文化落后的状况，促进国民经济恢复和文化教育事业发展，党中央主张改造旧教育，建设新教育。在此背景下，劳动教育也呈现出新的时代特点。在劳动教育理念上，倡导教育与生产劳动相结合。1949 年，第一次全国教育工作会议强调教育要为工农服务。从 1950 年以后颁布的《关于第一次全国工农教育会议的报告》《中央人民政府政务院关于改进和发展中学教育的指示》等政策文件中可以看出，生产劳动逐步融入学校教育，配合课堂教学有序开展，体现出"教育与生产劳动相结合"的思想。1954 年，中共中央转发中央教育部党组《关于解决高小和初中毕业生学习与从事生产劳动问题的请示报告》等文件，批判了社会上存在的轻视体力劳动和体力劳动者的思想，强调教育和生产劳动不可分离。可见，教育与生产劳动相结合是这一时期党的教育工作方针，为劳动教育的开展提供了契机。

随后，教育部相继印发了《关于小学课外活动的规定的通知》《关于普通学校实施基本生产技术教育的指示（草案）》等政策文件，对"基本生产技术教育"的重要地位、主要任务、基本要求以及每周的上课时间等做了详细规定。

2. 社会主义建设时期的劳动教育

1956 年，我国确立了社会主义制度，开始进入全面建设社会主义时期。这一时期，我国开始了经济、文化和社会建设，并进行了社会主义民主政治的探索，劳动教育也在此基础上获得了新的发展。

1957 年，教育部颁布《关于 1957—1958 学年度中学教学计划的通知》，指出初、高中三年级要增设农业基础知识课，逐步开始将劳动教育融入课堂教学。1958 年，《关于教育工作的指示》要求，在一切学校中，必须把生产劳动列为正式课程。每个学生必须依照规定参加一定时间的劳动。这标志着劳动教育成为每个学生的必修课。随后，教育部相继出台《关于 1958—1959 学年度中学教学计划的通知》《国务院关于全日制学校的教学、劳动和生活安排的规定》等有关劳动教育的政策方针，详细规定了生产劳动课的师资配备问题，以及初、高中进行劳动教育的课时、途径、具体内容等。至此，生产劳动课成为我国基础教育课程中的重要内容。

1958 年 1 月，《人民日报》发表社论《两个好榜样》，将勤工俭学看作节约国家开支、保证学生的生活需要的最好的办法。随后，共青团中央发出了《关于在学生中提倡勤工俭学的决定》，号召各地、各校要因地、因时制宜，充分利用学校、农场、工厂、企业基地等开展课余劳动，培养学生的劳动意识和劳动习惯，增强学生的生产知识和劳动技能，进而提高学生的政治思想觉悟。这一时期，党中央将生产劳动列为正式课程，适度提倡勤工俭学、半工半读等，进一步丰富了劳动教育的途径，推动了劳动教育的体系化进程。

3. 改革开放时期的劳动教育

十一届三中全会后，我国迎来了改革开放的崭新时代。教育是否以及如何与生产劳动相结合、劳动教育在素质教育中的地位等问题成为此时期劳动教育的主要议题。

1985 年，中共中央颁布了《关于教育体制改革的决定》，强调教育必须为社会主义建设服务，培养数以亿计的工业、农业、商业等各行各业有文化、懂技术、业务熟练的劳动者的目标。1998 年，教育部颁布了《关于加强普通中学劳动技术教育管理的若干意见》，明确强调要把劳动技术教育纳入督导评估内容的指标体系，把是否开设劳动技术课作为评选教育先进单位和先进学校，考核教育部门、学校、领导干部的重要内容之一。由此可见，在倡导"素质教育""全面发展"的背景下，劳动教育得以重塑和升华，此时的"教育与生产劳动相结合"更加侧重于劳动技术，以便进一步实施素质培养，从而促使劳动者的全面发展。

进入 21 世纪，基于全面建成小康社会对人的全面素质的新要求，学校教育逐渐从应试教育向素质教育转型。1999 年，中共中央、国务院审议通过了《关于深化教育改革全面推进素质教育的决定》；2001 年，国务院又印发了《关于基础教育改革与发展的决定》，均明确了教育必须与生产劳动和社会实践相结合，要加强劳动教育，从德智体美劳"五育"并举的角度来落实素质教育。2002 年，党的十六大报告明确提出要"尊重劳动、尊重知识、尊重人才、尊重创造"，并将其作为党和国家的重大方针在全社会广泛落实，为 21 世纪的劳动教育营造了良好的社会环境。2010 年，《国家中长期教育改革和发展规划纲要（2010—2020 年）》发布，根据 21 世纪的教育理念对教育与生产劳动相结合方针做了更深入的阐释，这意味着劳动教育成为 21 世纪培养学生全面发展的重要途径。

4. 中国特色社会主义新时代的劳动教育

进入新时代，中华民族开启了社会主义现代化建设和民族伟大复兴的全新征途，我国全体劳动者肩负着新的时代责任和历史使命。站在全新的历史起点上，以习近平同志为核心的党中央阐释了新时代劳动教育的理论内涵及实践形式。

劳动是财富的源泉，也是幸福的源泉，通过劳动实现自尊、实现梦想是劳动教育始终秉持的主要宗旨。党的十八大以来，习近平提出"培养什么人，是教育的首要问题"；

主张"劳动最光荣、劳动最崇高、劳动最伟大、劳动最美丽";强调"我们社会主义国家,一切劳动,无论是体力劳动还是脑力劳动,都值得尊重和鼓励"。因此,要维护好工人阶级和广大劳动群众的合法权益,使广大劳动者共建共享改革发展成果,并进一步明确,劳动教育要以推进人的全面发展为旨归。可见,在党中央"以人为本、人民至上"理念的指导下,新时代的劳动教育更加凸显人本思想。

新时代的劳动教育更加注重社会实践和服务性劳动。"教育与社会实践相结合"是对"教育与生产劳动相结合"的理论深化和时代拓展。社会实践可以使广大青年认知现实国情、理解社会生活、磨炼劳动意志、提高才干,是培育学生劳动意志、提高学生劳动技术的有效途径。此外,随着现代意义上的志愿者和志愿活动的兴起,服务性劳动逐渐盛行,鼓励劳动者参加义务劳动、服务社会是新时代劳动教育的重要使命。

回溯中国劳动教育事业的发展历史,虽然在各个历史阶段劳动教育的主要内容和实施途径各有不同,但它一直是党的教育方针的重要组成部分,也一直是培养满足当时形势需要的社会主义建设者和接班人的重大措施。同时,劳动教育内涵、理念等发展的背后隐含着不同时期社会的价值观念。新时代,劳动教育有了更加深刻丰富的内涵和更加完善合理的手段,也体现着我国社会的发展进步和综合国力的不断提升。

1.2.2 新时代劳动教育的内容和意义

2018 年 9 月,习近平在全国教育大会上强调:"要在学生中弘扬劳动精神,教育引导学生崇尚劳动、尊重劳动,懂得劳动最光荣、劳动最崇高、劳动最伟大、劳动最美丽的道理,长大后能够辛勤劳动、诚实劳动、创造性劳动。"加强劳动教育,树立劳动观念,践行马克思主义关于人的全面发展观,是对"教育必须与生产劳动和社会实践相结合"这一根本途径的坚守和发展,是贯彻落实德智体美劳"五育"并举总体要求和立德树人根本任务的现实需要。弘扬劳动精神,崇尚劳动实践,继承中华民族勤劳美德,是培育社会主义核心价值观的重要举措,是全面建设社会主义现代化国家的新要求。

1. 劳动教育的内容

2020 年 3 月,中共中央、国务院出台《关于全面加强新时代大中小学劳动教育的意见》(以下简称《意见》)。《意见》中指出:"实施劳动教育重点是在系统的文化知识学习之外,有目的、有计划地组织学生参加日常生活劳动、生产劳动和服务性劳动,让学生动手实践、出力流汗,接受锻炼、磨炼意志,培养学生正确劳动价值观和良好劳动品质。"对于劳动教育的内容要求,《意见》中更是十分具体地明确"小学低年级要注重围绕劳动意识的启蒙,让学生学习日常生活自理,感知劳动乐趣,知道人人都要劳动。小学中高年级要注重围绕卫生、劳动习惯养成,让学生做好个人清洁卫生,主动分担家务,适当参加校内外公益劳动,学会与他人合作劳动,体会到劳动光荣。初中要注重围绕增加劳动知识、技能,加强家政学习,开展社区服务,适当参加生产劳动,使学生初步养成认真负责、吃苦耐劳的品质和职业意识。普通高中要注重围绕丰富职业体验,开展服务性劳动、参加生产劳动,使学生熟练掌握一定劳动技能,理解劳动创造价值,具有劳动自立意识和主动服务他人、服务社会的情怀。中等职业学校重点是结合专业人才培养,增强学生职业荣誉感,提高职业技能水平,培育学生精益求精的工匠精神和爱岗敬业的劳动态度。高等学校要注重围绕创新创业,结合学科和专业积极开展实习实训、专业服务、社会实践、勤工助学等,重视新知识、新技术、新工艺、新方法应用,创造性地解决实际问题,使学生增强诚实劳动意识,积累职业经验,提升就业创业能力,树立正确择业观,具有到艰苦地区和行业工作的奋斗精神,懂得空谈误国、实干兴邦的深刻道理;注重培育公共服务意识,使学生具有面对重大疫情、灾害等危机主动作为的奉献精神"。

2020 年 7 月,为落实《意见》,加快构建德智体美劳全面培养的教育体系,教育部印发了《大中小学劳动教育指导纲要(试行)》(以下简称《指导纲要》)。《指导纲要》规定,劳动教育的内容主要包括日常生活劳动教育、生产劳动教育和服务性劳动教育三个方面。其中,日常生活劳动教育要让学生立足个人生活事务处理,培养生活能力和良好的卫生习惯,树立自立自强意识;生产劳动教育要让学生体验工农业生产创造物质财富的过程,增强产品质量意识,体会平凡劳动中的伟大;服务性劳动教育要注重让学生利用所学知识、技能服务他人和社会,强化社会责任感。《指导纲要》强调劳动教育途径要注重课内外结合,在开设劳动教育必修课的同时,还要在课外、校外活动中安排劳动实践。中小学每周课外活动和家庭生活中的劳动时间为:小学 1~2 年级不少于 2 小时;其他年级不少于 3 小时。职业院校和普通高等学校要明确生活中的劳动事项和时间,纳入学生日常管理工作。

2. 劳动教育的意义

开展劳动教育对于培养德智体美劳全面发展的社会主义建设者有着重大意义。党的十八大以来,习近平总书记多次强调劳动的重要性。劳动创造幸福,实干成就伟业。社会主义劳动教育是国民教育体系的重要内容,是学生全面成长的必然路径。劳动教育是中国特色社会主义教育体系的重要内容,直接影响着社会主义建设者和接班人的劳动精神面貌、价值取向与技能水平。劳动教育对于促使学生树立良好品德,增进学生的智慧和能力,促进学生的身心健康成长,培育学生美好生活的能力都有重要作用。劳动教育对落实立德树人根本任务,促进学生全面发展,实现国家富强,促进中华民族伟大复兴都不可或缺。

1.2.3　树立正确的劳动观

人们在劳动的过程中,总会形成对劳动的看法和认识,这就是劳动观。劳动观反映着劳动者对劳动的态度,决定着劳动者在劳动过程中的行为。劳动观是人们对劳动价值、态度和习惯的综合认识。在成长环境与性格的影响之下，不同的人对劳动的认识有所不同。马克思主义理论深化了劳动的内涵，指出劳动是实现人性至善至美、彻底自由的必由之路，辨明了劳动对于人成长的重要意义。

要树立"劳动最光荣、劳动最崇高、劳动最伟大、劳动最美丽"的观念弘扬劳模精神、劳动精神、工匠精神，弘扬孺子牛、拓荒牛、老黄牛精神。劳动是推动人类社会进步的根本力量。人世间的一切幸福都需要靠辛勤的劳动来创造。实现我们的奋斗目标，开创我们的美好未来，必须紧紧依靠人民、始终为了人民，必须依靠辛勤劳动、诚实劳动、创造性劳动。"空谈误国，实干兴邦"，实干首先就要脚踏实地劳动。

1. 树立"辛勤劳动、诚实劳动、创造性劳动"的理念

辛勤劳动体现着劳动者脚踏实地、埋头苦干的精神品质，是对待劳动的基本态度和需要，是诚实劳动、创造性劳动的精神基石和保证。社会主义劳动者应当传承辛勤劳动的传统。习近平用"艰难困苦，玉汝于成"描述了改革开放以来中国取得重大成就的艰辛历程，这是全国各族人民辛勤劳动的历史写照，是劳动人民努力拼搏、自强不息等优良品质的集中体现。如今，我国脱贫攻坚战取得了全面胜利，在帮助贫困群众共享社会发展成果的过程中，我国注重将精准脱贫同扶志、扶智相结合，教育和引领人们用自己的辛勤劳动来致富。

诚实劳动体现了劳动者恪尽职守、实干求真的精神品质，要求劳动者在法规和政策规定的范畴内，实事求是地对待劳动过程和劳动成果。诚实劳动是辛勤劳动的升华，更是创新性劳动的基础和前提。习近平指出："人世间的美好梦想，只有通过诚实劳动才能实现；发展中的各种难题，只有通过诚实劳动才能破解；生命里的一切辉煌，只有通过诚实劳动才能铸就。"[1]

创造性劳动反映了劳动者敢闯敢试、进取创新的精神品质，反映了体力劳动和脑力劳动的融合发展，是对辛勤劳动、诚实劳动精神的发展。改革开放以来，中国在自主创新道路上实现了突破，技术创新能力不断增强，若干关键领域位居全球领先行列，这些都是创新劳动的成果。但是，我们还必须清醒地意识到，我国的科学技术水平尽管发展得很快，但依旧面临着部分核心技术依靠国外的巨大挑战。因此，中共中央做出了落实创新驱动国家发展的战略部署，进一步指明了国家新的发展方向和要求。

2. 树立"劳动最光荣、劳动最崇高、劳动最伟大、劳动最美丽"的观念

劳动最光荣肯定了劳动者的人生价值，也反映了劳动者对自身价值和社会价值的双重实现。随着信息化、智能化深入经济社会的各个领域，人类劳动形态也日益多样。习近平指出："劳动没有高低贵贱之分，任何一份职业都很光荣。"[2] 虽然劳动者参与的工

---

[1] 习近平. 在同全国劳动模范代表座谈时的讲话. 人民网，2013-04-28.
[2] 习近平. 在知识分子、劳动模范、青年代表座谈会上的讲话. 新华社，2016-04-30.

作在表现形式和报酬上有所不同，但在劳动本质上都是自身力量的体现，也是实现个人价值和创造社会财富的高度统一。

劳动最崇高将劳动价值和高尚的精神境界紧密关联，是对劳动精神的赞扬。习近平会见意大利众议长菲科时谈道："这么大一个国家，责任非常重、工作非常艰巨。我将无我，不负人民。"事实证明，人们只要有了大我、大爱的崇高思想，就能许党报国、担当任事。

劳动最伟大体现在劳动创造社会物质财富与精神财富，不断推动人类社会走向更高级的发展阶段。古往今来，没有任何一项辉煌成就是脱离劳动就能轻易实现的，也没有任何一种灿烂文明是脱离劳动就能轻易建立的。改革开放四十多年来，中国走出了一条条新路、好路。黑土地的耕耘、超级稻的攻关，解决了十四亿人的吃饭问题；华为、中兴的探索，"和谐号""复兴号"的研发，北京中关村的创新创业，推动"中国制造"走向"中国创造"。这些国家建设中取得的巨大成绩使我国实现了由"赶上时代"到"引领时代"的巨大跨越，是人民劳动伟大意义的确证。

劳动最美丽是指劳动的社会影响，劳动对人性之美和精神之美的塑造效果。人类美的发展离不开一定的社会历史条件和社会劳动实践，社会劳动的发展水平决定着美的衡量标准和形式，社会劳动的目的寄托着对美的向往。人类劳动实践过程中的认识和发现直接承载着个人对美的感知和感受。个人的精神能量是微不足道的，但当个人精神能量逐渐凝聚，并在整个社会范畴内逐步产生无私、坚持奋斗、孜孜以求等精神之美时，集体劳作中所承载的个人精神能量便变成了引领时代精神的道德风向和价值坐标。

3. 弘扬"劳模精神、劳动精神、工匠精神"

劳模精神体现了劳动模范们在平凡岗位上做出不平凡业绩所坚持、坚守、坚定的基本信念、价值追求、人生境界及所展现出的整体精神风貌。习近平用二十四个字总结了劳动模范奉献精神的丰富内涵。其中，"爱岗敬业、争创一流"是对中华民族优秀劳动传统的继承发展；"艰苦奋斗、勇于创新"是国际竞争严峻形势下，对以改革创新为核心内容的时代发展精神的鲜活诠释；"淡泊名利、甘于奉献"则凸显了市场要求下劳动者积极抵御拜金主义、享乐主义等腐败思潮侵袭的境界和修为。这一内涵概括既传承了劳模前辈苦干实干的"老黄牛"奉献精神，也全面汲取了知识经济时代、信息技术飞速发展时期、世界经济一体化时期的精神元素，展现了鲜明的时代特点。

劳动精神反映了每一位劳动者为创造美好生活展现的良好精神风貌。劳动精神的丰富和发扬是促进时代变迁的巨大动力。共产党在发展史上形成的井冈山精神、长征精神、载人航天精神等都是各个历史时期劳动精神中一些重要特征的集中体现和表达。2020 年，我国疫情防控工作取得了重大战略成果，脱贫攻坚战获得全面胜利，并形成了伟大抗疫精神和脱贫攻坚精神，体现了我国人民勇于压倒一切困难而不被其他障碍所压倒的坚强毅力，彰显了全体中国劳动者敢于承担、甘于奉献的高尚品质，是对劳动精神的生动演绎。

工匠精神体现了劳动者心无旁骛钻研精湛技艺的职业奉献精神。劳模精神和工匠精神作为劳动精神在社会主义制度的不同表现方式，有其内在的差异：劳模精神的主体主要是指劳模，它并不仅仅要求劳动者掌握精湛的技术，也突出了劳动者对高层次的职业道德的要求，更加突出了其对整个社会发展的导向意义；工匠精神的主体却不只限于狭义的"工匠"，它是适合于任何产业和技术岗位劳动者的"精进密码"，表现为技术上对"执着专注、精益求精、一丝不苟、追求卓越"的不懈追求，也更加注重劳动者的个体完善。

4. 弘扬"孺子牛、拓荒牛、老黄牛精神"

工人阶级和广大劳动群众是国家的主人。人民是我们党执政的最大底气。中国历史实践不断证实，唯有依靠全体社会主义劳动人民，才能开创中国历史伟业。人无精神则不立，国无精神则不强。唯有精神上站得住、站得稳，一个民族才能在历史洪流中屹立不倒、挺立潮头。百年征程波澜壮阔，百年奋斗苦难辉煌，我们党在极端困境中发展壮大，在濒临绝境中突出重围，在困顿逆境中毅然奋起，团结带领亿万人民经千难历万险，攻克了一个又一个看似不可攻克的难关，创造了一个又一个彪炳史册的人间奇迹，书写了中华民族几千年历史上最恢宏的史诗，迎来了中华民族从站起来、富起来到强起来的伟大飞跃。一百年来的伟大征程，每一步都闪耀着为人民服务、无私奉献的孺子牛品质，每一步都激扬着创新发展、攻坚克难的拓荒牛豪情，每一步都挥洒着艰苦奋斗、吃苦耐劳的老黄牛汗水。孺子牛、拓荒牛、老黄牛精神，是中国共产党人精神谱系的重要组成部分，是党和国家的宝贵精神财富。

当今，技术创新能力已经成为增强一个国家综合实力的重要保障，也成为推动社会生产方式和生活方式转变的巨大动力，哪个国家牵住了技术创新这个"牛鼻子"，哪个国家就能在国际竞争中占据市场先机、赢得竞争优势。"十四五"规划和 2035 年远景目标纲要强调坚持创新在我国现代化建设全局中的核心地位，把科技自立自强作为国家发展的战略支撑。这既能使劳动者感受到创新创造对于国家、民族发展与壮大的重要价值，也能激发起劳动者的主体性，充分调动群众的开创力，把人民群众的聪明才智和能力集中在社会主义现代化建设上。

通过学习党史、研究新中国史能够发现，中国共产党领导劳动人民克服了一个又一个困难，让中华民族告别了近代的苦难历程，经过百年奋斗，迎来了实现伟大复兴的光明前景。习近平总书记也多次重申了艰苦奋斗的重要意义，指出"奋斗是艰辛的，艰难困苦、玉汝于成，没有艰辛就不是真正的奋斗"[1]，并强调"在实现中华民族伟大复兴的新征程上，必然会有艰巨繁重的任务，必然会有艰难险阻甚至惊涛骇浪，特别需要我们

---

[1] 习近平. 在 2018 年春节团拜会上的讲话. 新华社，2018 - 02 - 14.

发扬艰苦奋斗精神"①。历史和现实都证明，艰苦奋斗的老黄牛精神不仅是我们党一路前行、蓬勃发展的保证，而且是继往开来、再创辉煌的保证。

 课后研讨与实践 ///////////////////////////////////

1. 新时代劳动教育包含哪些内容和形式？
2. 请与你身边的同学讨论，新时代大学生应该树立怎样的劳动观。

1.3　新时代劳动精神

1.3.1　新时代劳动精神的科学内涵

党的二十大报告提出"在全社会弘扬劳动精神、奋斗精神、奉献精神、创造精神、勤俭节约精神，培育时代新风新貌"。新时代劳动精神有着丰富的内涵，是反映马克思主义时代精神的精华，是人民力量在劳动实践中的能动转化。

1. "劳动光荣、劳动伟大"的宗旨

劳动是一种人类行为，劳动成就了人，使自然人向社会人转化；劳动创造了人的生活，将人与自然区分开来；劳动提供了大量生产资料，劳动解决了人类生存的物质需要与文化精神需要；劳动使人类生存得以优化，人类从劳动中得到了快乐、满足感，而且劳动也磨炼了人的意志力，使人类从劳动经验中形成了艰辛奋战、勤勉英勇的精神品质，坚定了人类劳动光荣的信念。劳动生产的物质资料保障了人的生存需求，同时促进了整个社会的发展。随着物质生活条件的提高，人类的精神生活品质也获得了一定的提高，促进了社会文明的提高。

2. "坦荡忘我、乐于奉献"的勤劳品格

坦荡或无私奉献指的是心胸坦诚、大公无私、不以谋求个人名誉为目的的崇高人品。虽然人们期望能获得正确的道德评判，可是并没有以获取名誉作为自身劳动的目的，而是以国家的利益、民众的福祉作为自身奋斗的方向。乐于奉献是指人们自愿主动地去做有益于别人或者团体的事却不要求报酬。袁隆平院士正是甘于奉献的杰出代表，他坚持培育出了杂交水稻，被誉为"杂交水稻之父"。他为国家粮食生产做出了巨大贡献，为全体劳动者做出了榜样。

---

① 习近平 . 在纪念五四运动 100 周年大会上的讲话 . 新华社，2019 - 04 - 30.

3."艰苦奋斗、勤勉工作"的劳动态度

新中国成立初期,生产生活环境条件落后,企业生产力不足,各项事业滞后。但今时与往日不同,我国在方方面面都取得了长足进步,这一连串成绩离不开全体劳动者"艰苦奋斗、勤勉工作"的劳动态度。随着人民经济生活水平的提高,社会恩格尔系数也日益下降,人民的精神生活也充实了起来。与此同时也加强和提高了艰苦奋斗的时代精神,群众在工农业生产劳动过程中也越来越坚定"艰苦奋斗、勤勉工作"的劳动态度。

新时代劳动精神的科学内涵给了新时代劳动者力量,更需要劳动者坚持做好个人工作,秉持着艰苦奋斗的勤劳作风,通过勤奋工作,将新时代劳动精神弘扬光大,争当新时代的优秀劳动者。

1.3.2 新时代劳动精神的培育途径

《关于全面加强新时代大中小学劳动教育的意见》指出,劳动教育是中国特色社会主义教育制度的重要内容,要把劳动教育纳入人才培养全过程,促进学生形成正确的世界观、人生观、价值观。学校作为培养未来劳动人才的重要场所,应该以习近平总书记有关劳动的重要论述为指导,使学生在具体的劳动过程中认识国家、理解社会,体

新时代劳动精神
的培育途径

验劳动创造的快乐,从而培养学生热爱劳动的情感和崇尚劳动的风尚,全方位提升学生的劳动能力和劳动素养。

1.强化劳动教育顶层设计

学校的劳动教育要以习近平总书记有关劳动教育的重要论述为指引,进一步贯彻落实中央关于劳动教育工作的政策文件精神,为实施劳动教育提供更强大的政策基础和保障力量。要将学校劳动教育作为一个意义重大的工作任务来抓,纳入学生的学习规划中,以推动学生德智体美劳全面发展为总体目标,进一步完善学校劳动教育机制。学校要明确专门的管理部门,制定劳动教育组织与开展的具体细则,从而对学校劳动教育工作实施系统、科学的管理;要建设一支专业的劳动教师队伍,制定适合本校学生实际的劳动教学目标;要完善学校相关的考评机制,把国家劳动教育考核评估成果融入学校的综合考核中;要形成劳动教育效果的反馈制度,通过对劳动教育成效的反思与总结,进一步调整与完善劳动教育的内涵与方法,以实现劳动教育资源的良性运转。

2.把握劳动教育的时代性

学校在开展劳动教育的实践过程中,要注意社会劳动的时代特征。伴随着科学技术的发展,传统机械生产、简单以及非创造性的劳动开始被创新性的生产技术劳动所代替,但在这种历史过程中劳动者仍然很重要。学校在劳动教育实践过程中一定要紧密结合时代精神,积极探求学校劳动教育的新形态,增加学生的参与性,扩大劳动教育的覆盖范围,从而提高劳动教育对学生的吸引力。

3. 合理设置劳动教育课程

学校要把劳动教育作为必修课程，建立一个完善的体系和形成比较成熟的教学方法。在课程设置上，要严格按照国家制定的劳动教育有关文件，并根据本校和学生的实际状况，科学合理地规划劳动教育课程。在教学教材工作方面，选择或组织编制符合学校层次与学生培养目标的教科书，为现代学校实施劳动教育打好基础。但同时还要看到，互联网等新兴传媒已成为当代学生学习、生活的重要信息来源，开展劳动教育也必须利用新的阵地，做到劳动教学线上线下有效融合。

4. 营造"热爱劳动、劳动光荣"的校园文化

校园文化有着巨大的教育功效，因此学校在劳动教育实践过程中要重视学校软环境的营造，让学生在潜移默化中建立对社会主义劳动价值的深刻认识，并有意识地生发热爱劳动的精神情感。首先，学校要广泛利用校报、校播音台、学校公众号和校园网等校内新闻媒体，对劳模进步事迹和优良品德进行积极的宣扬。其次，学校可采取举办演讲、交流会等多种形式，邀请有关专家学者和劳动模范进行关于社会主义劳动价值的宣讲活动。再次，学校定期组织教师和学生进行社会主义劳动教育实践，并适时进行总结交流等。学校应采取多种举措，努力营造"热爱劳动、劳动光荣"的良好氛围，培育学生对劳动的正确认识。

5. 打造劳动教育大格局

《关于全面加强新时代大中小学劳动教育的意见》明确提出："把劳动教育纳入人才培养全过程，贯通大中小学各学段，贯穿家庭、学校、社会各方面"。劳动教育必须与社会各界多方协同，才能形成良好效果。劳动教育除了在校内开展外，还要与家庭教育、社会教育相配合，打造劳动教育工作大格局。校园是劳动教育工作的"主战场"，负责劳动教育工作的组织实施；家庭是劳动教育工作的"根据地"，家人对学生形成潜移默化的影响；社会是个"大熔炉"，为劳动教育的实施提供了更多机遇。校园、家庭、社区之间协同互动，全面提高劳动教育的有效性。

1.3.3 新时代劳动精神的光辉榜样

酷热的夏日，农民不怕炎热在田地间辛勤劳作，才有了谷物的丰收；三九寒冬，快递员不惧严冬串街走巷，才有了快件的及时配送；冬去春来，老师守护着三尺讲台，陪伴孩子们成长成才。正是这千千万万的劳动者，日复一日，年复一年，在中华大地上耕耘着、创造着，才有了我们国家的发展和振兴。

新时代劳动精神的光辉榜样

劳动创造了物质财富，也砥砺着人的精神。人生活在世上，只有拼搏过，奉献过，不贪图安逸，不惧怕困苦，才能感受到"彩虹总在风雨后"的喜悦，才能体会人生价值实现后的自在与尊严。

下面让我们一起学习几个案例。

案例 1-1

"杂交水稻之父"——袁隆平

袁隆平是我国研究与发展杂交水稻的开创者,也是世界上第一个成功利用水稻杂种优势的科学家,被誉为"杂交水稻之父"。他冲破经典遗传学观点的束缚,于1964年开始研究杂交水稻,成功选育了世界上第一个实用高产杂交水稻品种"南优2号"。杂交水稻的成果自1976年起在全国大面积推广应用,使水稻的单产和总产得以大幅提高。他带领团队开展超级杂交稻攻关,分别于2000年、2004年、2011年、2014年实现了大面积示范每公顷10.5吨、12吨、13.5吨、15吨的目标。第三代杂交稻"叁优一号",2020年作双季晚稻种植平均亩产达911.7千克,加上第二代杂交早稻亩产619.06千克,全年亩产达1 530.76千克,实现了周年亩产稻谷1 500千克的攻关目标。

"发展杂交水稻,造福世界人民"是袁隆平毕生的追求。为了实现这一宏愿,他长期致力于促进杂交水稻走向世界。目前,杂交水稻已在印度、孟加拉国、印度尼西亚、越南、菲律宾、美国、巴西、马达加斯加等国大面积种植,年种植面积达800万公顷,平均每公顷产量比当地优良品种高出2吨左右。

资料来源:"杂交水稻之父"袁隆平逝世 享年91岁. 央视新闻网,2021-05-22.

分析

袁隆平于1953年从西南农学院毕业,于1960年发现天然杂交稻株有着突出的杂交优势,于是他便和杂交水稻结下了"不解之缘"。从1964年开始,袁隆平和助手们常年工作于田间地头,从选种、试验、失败,到再选种、再下种、再观察,通过近十年的努力摸索,在1973年10月正式宣布了中国籼型杂交水稻的"三系"配套试验取得巨大成功。年过90岁时,袁隆平依然保持着"泥腿子科学家"的作风,长期走到农田观看水稻的长势,身边时常备着下田的雨靴。由于年岁渐长,行动日益不便,他便将住宅安置到了试验田旁边,力求"躺在床上侧个身子就能看到(农田)"。他带领的团队培育的杂交水稻被西方专家称为"东方魔稻",比常规水稻每亩增产20%以上。作为中国工程院院士、多项国家级荣誉的获得者,袁隆平身上体现出的敬业精神、担当精神和热爱劳动、辛勤劳动的优良作风非常值得我们学习。

案例 1-2　　　　　　　　　　　**大国多良材——徐立平**

徐立平曾在中国航天科技集团公司第四研究院7416厂上班,是资深的技术人员。他自1987年到厂上班后,就长期负责导弹及固态燃油发动机的火药微整形工作。为火药整形,危险程度可想而知,稍有不慎就可能导致燃烧自爆。但目前,为火药整形还没有办法完全用机械替代，这在世界各地都是个难点。下刀的轻重全部要靠技术人员自行判定。药面精度是否合格，决定着导弹的精准射程。误差 0.5mm 是航天发动机中固体动力燃烧药面精确度所容许的最大值，但是通过徐立平之手雕刻出来的火药药面误差不超过 0.2mm，几近完美。为解决问题，徐立平还带领班组员工设计、制作和改进了 30 多种刀具，其中一种被命名为"立平刀"。徐立平以高超的技术和舍身忘我的工作精神获得了大家的高度肯定，被人们称为"大国工匠"。

资料来源：在刀尖上"跳舞"的大国工匠．工人日报，2022 - 03 - 10.

分析

为航天发动机的固体动力燃烧药面进行微整形非常危险，被人们称为"在炸药堆里工作"。尽管任务危难险重，但徐立平均能出色地完成，为中国航天事业的蓬勃发展奉献了自己的聪明才智和力量。这种把工作干到极致，崇尚劳动、热爱劳动的精神在他身上体现得淋漓尽致。

案例 1 - 3　　连续六年坚守扶贫一线的基层干部——张渠伟

张渠伟，达州市渠县扶贫和移民工作局局长，从 2014 年 3 月就职后，为了使渠县的 143 802 名贫困人口脱贫、130 个贫困村全部脱贫和整县摘帽，他夙夜在公，为扶贫事业奉献着健康、才智与热血。经常熬夜和超负荷的工作，让张渠伟患上了重度的"耳石症"和"青光眼"。为了上班，住院时，他曾多次偷偷拔掉输液管。

在他的健康问题最严重的时候，医生要求他马上入院治疗或进行手术，不然就会有失明的可能。但他却说："能不能先使用药物保守治疗？我没时间住院啊！"就这样，张渠伟带着三个多月的药重新回到工作岗位，烦琐的工作使他分身乏术，连检查开药都是通过电话口述方式和医生取得联系。

资料来源：扶贫干部张渠伟：六年坚守扶贫一线　宁愿双目失明　誓要群众脱贫．央视网，2019 - 04 - 17.

分析

打赢脱贫攻坚战，在全社会开展扶贫工作是党中央国务院的一项重大决策。作为渠县扶贫和移民工作局局长，张渠伟连续多年坚守在扶贫一线，废寝忘食，夙夜在公，以高度的责任感和使命感辛勤劳动、诚实劳动，为我们树立了学习的榜样。

课后研讨与实践 ////////////////////////////////

1. 新时代劳动精神的内涵是什么？如何培育劳动精神？

2. 请与同学分享交流你知道的劳动模范事迹，并讨论新时代大学生应该从他们身上学习哪些精神和品质。

第 2 章

劳模精神

▶ **知识目标**：掌握劳模精神的内容，了解劳模精神的发展；理解新时代劳模精神的内涵与特色，引导学生学习和践行劳模精神；了解新时代劳模精神的精神实质，继承和发扬劳模精神。

▶ **能力目标**：以劳模精神为榜样，培养学生践行劳模精神，提升为中国式现代化建设服务的能力。

▶ **价值目标**：爱岗敬业、争创一流、艰苦奋斗、勇于创新、淡泊名利、甘于奉献的劳模精神是中国精神谱系的重要组成，以劳模精神为引领，发挥榜样作用，促进学生继承和发扬劳模精神，逐渐成长为中华民族伟大复兴的建设者和接班人。

知识脉络图

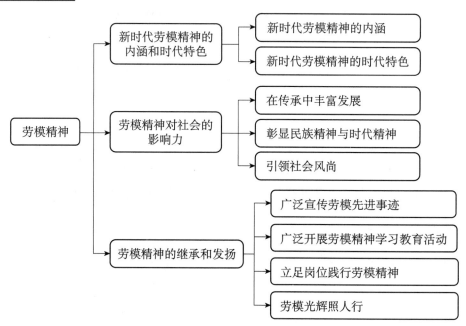

2.1 新时代劳模精神的内涵和时代特色

劳动模范，俗称劳模，他们来自普通的劳动者，他们用平凡的双手做出了出众的业绩，他们是精英和楷模，是整个中华民族的骄傲。在时代发展中，他们是弄潮儿。对于中华人民共和国而言，他们建立了不可磨灭的功绩。在党的百年奋斗史的各个时期，以劳动模范为代表的广大工人阶级和劳动群众，始终坚守着为人民服务的初心，他们身上所承载和彰显的劳模精神丰富了中国共产党人的精神谱系，拓展和延伸了中国精神的内涵，充分彰显了我国工人阶级和人民群众的高度自信。当今，中国特色社会主义已经进入新时代，劳模精神在新时代里也被赋予了更加崭新的意蕴和内涵，具有更加丰富的当代价值。2020 年，习近平总书记在全国劳动模范和先进工作者表彰大会上对新时代劳模精神的基本内涵作了精辟的概括："在长期实践中，我们培育形成了爱岗敬业、争创一流、艰苦奋斗、勇于创新、淡泊名利、甘于奉献的劳模精神，崇尚劳动、热爱劳动、辛勤劳动、诚实劳动的劳动精神，执着专注、精益求精、一丝不苟、追求卓越的工匠精神。"这一概括是结合新时代和社会发展新形势、新特点和新要求的创新，它丰富了劳模精神的民族和时代内涵，是我们极为宝贵的精神财富。当代工人不仅要有力量，还要有智慧、有技术，能发明、会创新，以实际行动奏响时代主旋律。新时代的劳模精神是以爱国主义为核心的民族精神和改革创新为核心的时代精神的生动体现。劳模是劳模精神、工匠精神的创造者、展示者和践行者，更是推进中国式现代化的先行者、引领者和示范者。作为新时代的劳动者，我们要深刻理解、传承和发展新时代劳模精神，在全社会大力弘扬劳模精神，推动形成尊重劳动、劳动光荣的良好风尚。

2.1.1 新时代劳模精神的内涵

1. 爱岗敬业、争创一流

"爱岗敬业、争创一流"是劳模的奋斗目标，是劳模精神的本质特征，是精益求精、追求极致的职业态度和职业精神的要求。爱岗敬业是社会主义道德建设的重要内容，要大力倡导爱岗敬业的职业道德。时代的发展和社会的进步使得劳动分工越来越细，岗位设置越来越具体。对所有的劳动者而言，爱岗敬业是每个岗位基本的要求，是每个行业职业道德的基石，在此基础上，要努力做到争创一流。爱岗敬业、

新时期劳模精神
的内涵

争创一流是每一位劳动者在工作中需要遵循的准则，也是劳动模范身上所具有的基本特质。在这方面，劳动模范是典型代表。从我国通过艰苦卓绝的斗争完成社会主义革命和

推进社会主义建设，到励精图治进行的改革开放和社会主义现代化建设，再到如今已经实现第一个百年目标全面进入了中国特色社会主义新时代，各个时期中，劳动模范的职业和岗位都各不相同，但他们都专注于本职工作，干一行爱一行，对工作怀着无比热爱和崇敬的态度，坚信"三百六十行，行行出状元"，在平凡的岗位上和日常的工作中努力提升自己的工作能力和业务水平，争做行业的佼佼者，为所有普通劳动者做出了表率。爱岗敬业、争创一流不仅是培育劳模的基本道德要求，也是各行各业劳动者获得成功的必要因素。

要做到爱岗敬业、争创一流，首先要爱岗，这是无论处于哪个工作岗位都需要遵循的，也是职业要求的第一条，更是对每个从业者最基本的要求。有热爱才能更投入，才能真正把工作当作事业去做，才会足够认真和专注。其次要敬业，始终心怀敬畏，才能在本职工作中慎重而行、切实负责，才能保证对工作的严谨、认真态度，面对问题和挫折才能有必胜的信心和决心。再次要争创一流，高标准、严要求，这是对待工作的态度，不能仅满足于完成本职工作，还要做到最好、最优、最强。在中国特色社会主义新时代大潮中，我们会迎来很多机遇，同样也会遇到各种挑战，职业不单是谋生的手段，更是一个平台，让劳动者得以施展才能，成就个人价值，实现社会价值。对所有劳动者而言，都要融入时代发展，从热爱和尊重自己的职业与工作岗位做起，勤思考、善钻研，在劳动过程中用实际行动不断创新与进取，争做行业一流。

2. 艰苦奋斗、勇于创新

"艰苦奋斗、勇于创新"展现出劳模的精神风貌，是劳模品质和职业尊严的体现，是实现奋斗目标的必经之途。我们党的优良传统之一就是艰苦奋斗，这也是中华民族的优秀传统之一，更是我们党能够始终同人民群众保持密切联系的一个法宝。回顾历史，我们党奋力争取民族解放和独立，带领人民群众书写了一部波澜壮阔的斗争史，同时也绘就了一部艰苦奋斗的创业史。2019年3月5日，习近平总书记在参加十三届全国人大二次会议内蒙古代表团审议时强调："过去我们党靠艰苦奋斗、勤俭节约不断成就伟业，现在我们仍然要用这样的思想来指导工作。"国家要发展、民族要进步，一切都要向前，创新是重要的推动力量，为国家和民族的兴旺繁荣提供不竭动力。无论是从个人发展的角度看，还是从建设国家伟大事业的角度看，发展和建设从来都不是一片坦途，很多时候都是摸着石头过河，唯有创新才能抢占先机，才能赢得优势。

艰苦奋斗、勇于创新的劳模精神是劳动模范身上所体现出的杰出品质，是他们在劳动过程中所依靠的动力源泉，代表着新时代劳动者的前进方向。习近平总书记说："在实现中华民族伟大复兴的新征程上，必然会有艰巨繁重的任务，必然会有艰难险阻甚至惊涛骇浪，特别需要我们发扬艰苦奋斗精神。"[①] 从新中国的历史中，我们可以看到从站

---

① 习近平．在纪念五四运动100周年大会上的讲话．新华社，2019－04－30．

起来、富起来到强起来的伟大飞跃，我们通过艰苦奋斗的实际行动取得了今天的伟大成就。当前，虽然我们的生活条件变好了，但不意味着我们不用奋斗了，更不能安于享乐，仍需要劳动人民艰苦奋斗，需要各个行业的劳动者兢兢业业，共同促进社会生产力的发展与进步。新时代属于每一个人，每一个人都是新时代的见证者、开创者、建设者。创新是人的创造性实践行为，是一个民族进步的灵魂，也是保障一个国家长盛不衰的关键。在进入发展新纪元的今天，面对以产业结构转型升级推动经济高质量发展的大形势，创新是关键因素，各行各业都迫切需要大批具有创新意识的带头人，而劳动模范就是这样的一个群体，他们在工作实践中，坚持创新思维，发展和推出新科技、新模式、新技术、新产品，推动着整个产业的前进，这种创新思维是新时代劳模精神的重点，是培养创新型产业领军人才的关键，也是从中国制造到中国创造的核心。

3. 淡泊名利、甘于奉献

"淡泊名利、甘于奉献"体现了劳模的思想境界和优秀品格，劳模的劳动和工作不再是仅仅停留在为己的功利层面，而是一种利他的为国家、为社会的光荣而崇高的事业。劳动模范身上淡泊名利、甘于奉献的优秀品质是中华民族传统美德的优良传承，也是劳模精神的本质特征，是劳动模范体现出来的思想境界，也是社会主义道德建设的价值导向。无论是哪个时期的劳动模范，他们都有一个共同点，就是都具有极强的事业心和责任感，对党和人民特别负责，心里装着党和国家的利益，时刻践行着"为人民服务"的信念，在自己的岗位上无私奉献，如时传祥、焦裕禄、王进喜、邓稼先、李素丽等。他们在工作岗位上付出了很多，却不过多在乎个人的得失，他们的坚守让劳模精神深入人心，引领着广大劳动人民树立正确的劳动观，为国家发展、社会进步奉献着力量，让人民的获得感、幸福感大大提升，让社会变得更加和谐美好。

2.1.2 新时代劳模精神的时代特色

劳动模范是时代的领跑者，在社会各个行业中，他们是一面旗帜，在新时代，其所展现的劳模精神具有丰富而鲜活的时代特色。劳模精神引领着社会新风气，是广大劳动者的精神高地。

以劳动模范为代表的万千劳动者在平凡的岗位上用勤劳的双手创造出无数不平凡的成就，形成并发展了新时代劳模精神，既展现了以爱国主义为核心的团结统一、爱好和平、勤劳勇敢、崇德尚礼、公而忘私的民族情怀，又涵盖了知行合一、自立自强的人生追求。劳模精神始终与时代同行，在内涵不断丰富的同时，还持续推进着民族精神的创新和发展。每个劳动者都是新时代中国特色社会主义建设的基石，每份力量都不可或缺，在劳模精神的激励和感召下，他们辛勤工作、诚实干事、努力创造，用劳动创新丰富民族精神，民族精神也因此有了新能量的注入，内涵更为丰富广博。

新时代劳模精神是时代精神的生动体现，是中国共产党人精神谱系的重要组成部分，具有明显的时代性。每个时代的劳模精神都是时代需求的真实写照，为每个时代的社会主义建设服务。作为一种文化精神，劳模精神并非固定不变的，也不是变化无常的，它在创新中传承发展，鲜活而生动。随着国家发展和时代进步，时代精神也在劳模精神的发展过程中不断丰富。居安思危，敢为人先，这是劳动模范身上所具有的品格，他们在不断探索和实践中谋求发展，他们也随着时代的需求向着知识型、技能型、创新型转变，解决社会发展的时代问题，满足新时代的需要，在默默耕耘中，积极创造，勇于创新，让新时代劳模精神中的自主性、首创性、先进性元素更加丰富，引领社会进步的发展方向，同时不断为时代精神注入新的能量，让时代精神的内涵更加丰富、作用更加凸显。

劳动模范是劳动人民的优秀代表，在新时代所展现的劳模精神具有突出的先进性。劳动模范在行业内都是佼佼者、领头羊，代表着行业内的先进力量，有着榜样的光辉力量，在社会上、工作中、生活里，方方面面都发挥着先锋模范作用，他们朴实、勤劳，用双手开创性地开展劳动，持续推动着社会进步、国家发展和民族复兴。劳模精神是劳动模范的思想品质、道德情操、行为习惯的统一体，是推动时代的精神动力，展现了劳动者的伟大品格，使劳动者先进性的主体地位得到了充分体现，同时促进了劳动者的成长进步。无论在哪个时代，劳模精神都与时代发展相匹配，代表着先进性，引领着社会风气，凝聚着人心，激励着广大劳动人民坚守信念，在岗位上开拓创新，不断地建功立业。

新时代劳模精神是实现伟大复兴中国梦的重要力量，具有丰富的实践性。理论来源于实践，人类通过劳动不仅创造了物质财富，也创造了精神财富，推动了人类历史进程的发展。在新中国发展过程中，每一个伟大成就都代表着劳动者的实践价值，劳模精神是劳动模范在各种实践中的发展和创造。在新时代，劳模精神是实现伟大复兴中国梦的宝贵精神财富，要大力弘扬和践行，要营造尊重劳动、尊重知识、尊重人才、尊重创造的社会氛围，涵养以辛勤劳动为荣、以好逸恶劳为耻的社会风气，培育积极健康、开放包容的社会心态，才能够让"劳动光荣、创造伟大"成为时代强音，让"辛勤劳动、诚实劳动、创造性劳动"成为普遍认同的价值遵循；同时，劳模精神更是实现伟大复兴中国梦的强大精神力量，激励着知识型、技能型、创新型劳动者不断涌现，支撑和助力我国快速从制造大国向制造强国华丽转身。劳动模范是社会主义核心价值观的模范实践者，在新时代，他们身上所具有的劳模精神有了更加科学的内涵与更加具体的品质特征，不仅在各行业劳动活动的实践基础上不断开拓创新，发展新的物质资料，还在精神世界开花结果，激励人民群众在丰富的实践中奋勇向前，创造更加伟大的成就。

 课后研讨与实践 /////////////////////////////

1. 如何理解新时代劳模精神的内涵？
2. 思考并论述新时代劳模精神的现实意义。

2.2 劳模精神对社会的影响力

2.2.1 在传承中丰富发展

劳模精神在传承中丰富发展

在党的百年奋斗史和新中国发展史中，成千上万的劳动模范尽管所处时代不一样，职业不同，岗位各异，但他们用自身的辛勤劳动和模范行为，引领着全国亿万劳动人民无私奉献、顽强拼搏，铸就了社会主义现代化建设和改革发展的伟大成就，实现了翻天覆地的变化，在中国共产党和新中国的历史上写下了绚丽的篇章，劳模精神也在这个过程中历经传承并不断丰富和发展。

1. 新民主主义革命时期的劳模精神

在党的领导下，广大军民自力更生，发展生产，开展了"新劳动者运动""增产立功运动"，树立先进，评选模范，鼓励劳动，争当"增产立功"的"新劳动者"成为边区工人的响亮口号和奋斗目标。进入抗日战争时期，如火如荼的生产运动中涌现了一批劳动模范和先进工作者，诞生了以"革命性"为特征的全新群体，既有"边区工人的一面旗帜"全国劳模赵占魁，又有坚持为人民服务的平凡模范张思德，还有"兵工事业开拓者"吴运铎。在解放战争时期有一首广为传唱的歌曲《南泥湾》，其中就有一句"鲜花送模范"，在那个时期有许多"支前劳模""工业劳模""劳动英雄"，他们来自工厂、农村、军队、学校等，有个人也有集体，涵盖了多个行业和领域，这些先进模范人物以新的劳动态度对待新的劳动，积极参加义务劳动，全力支援前线斗争，带动群众投身中国共产党领导的人民解放事业，体现了"为革命献身、革命加拼命、苦干加巧干、经验加创新"的劳模精神，"艰苦奋斗、爱国至上"也成为新民主主义革命时期劳模的显著特征。1944 年，毛泽东在《关于路线学习、工作作风和时局问题》讲话中指出："劳动英雄大会、劳动英雄与模范工作者大会、劳动英雄与战斗英雄大会，就是一种好的工作方法"①。

2. 社会主义革命和建设时期的劳模精神

1949 年，新中国成立后，广大劳动者当家作主，感恩报效党和国家的劳动热情空前高涨。新中国成立之初，百废待兴，党和国家在总结革命战争时期经验做法的基础上，积极开展社会主义劳动竞赛和生产运动，并进行了形式多样的劳模表彰工作，在各行各

---

① 毛泽东. 毛泽东文集：第 3 卷. 北京：人民出版社，1996：97.

业中评选出了一大批劳模和先进生产者。这一时期，以时传祥、张秉贵、孟泰等为代表的一大批普通劳动者，用强烈的主人翁意识、忘我的劳动热情和无私奉献的精神赢得了社会的尊重，成为激励全国人民的楷模；以张百发、尉凤英、马学礼等为代表的大批基层产业工人，充分发扬"一不怕苦、二不怕死"的硬骨头精神，以高度的主人翁责任感开拓创新、攻坚克难，通过发明创造、技术革新等突破重大技术难关，使生产效率成倍提高。新中国成立初期，劳动模范所发挥的引领作用为新中国的国民经济恢复、基础工业建设、社会稳定发展等做出了重大贡献，尤其是进入社会主义全面建设时期后，毫不利己、专门利人的社会风尚蔚然成风，建设新中国、献身现代化成为时髦，这些模范中有"铁人"王进喜，有亲民爱民、无私奉献的县委书记好榜样焦裕禄等。"无私奉献、集体至上"是社会主义革命和建设时期劳模的显著特征，在党和国家的大力弘扬与倡导下，劳模逐渐成为一种文化现象、社会风气，推动经济、社会、科技等领域中的各行业涌现大批优秀人物。

3. 改革开放和社会主义现代化建设新时代的劳模精神

党的十一届三中全会吹响了改革开放的号角，这一时期党和国家面临的主要任务是，继续探索中国建设社会主义的正确道路，解放和发展社会生产力，使人民摆脱贫困、尽快富裕起来，为实现中华民族伟大复兴提供充满新的活力的体制保证和快速发展的物质条件。在这个时期，广大劳动者理想满怀，更具激情，一批科技文化教育工作者劳模走进了人们视野，新一代劳模发扬"当代愚公"和"两弹一星"精神，带领广大职工群众勇攀科学技术高峰，在推动改革、促进发展、维护稳定中再立新功，涌现了一大批以数学家陈景润、"两弹元勋"邓稼先、优秀光学专家蒋筑英、微电子研究专家罗健夫等为代表的科学家劳模，他们将毕生精力献给了祖国的科技事业，通过自己的模范行动和骄人业绩，为我国的经济发展和社会进步做出了不可磨灭的贡献。20 世纪 90 年代，我国经济社会飞速发展，社会变化日新月异，取得了让世人刮目相看的巨大成就。这一时期涌现了以孔繁森、徐虎等为代表的一大批先进模范人物，他们以"求真务实，拼搏进取"的精神引领时代前进，激励广大劳动者崇尚先进、爱岗敬业。进入 21 世纪，一批知识型、智能型工人成为先进模范人物的突出代表，劳动模范队伍的机构组成更加广泛，涵盖了经济发展、工程建设、科教文卫、改善民生、国家安全、环境保护、国防科技等多个方面，他们干一行、爱一行，专一行、精一行，带动了各行各业、各条战线的广大职工投身全面建设小康社会的伟大实践。

4. 新时代中国特色社会主义时期的劳模精神

党的十八大以来，科学技术尤其是网络信息技术的发展深刻影响着人们的生产生活方式。党的十九大报告指出："我国社会主要矛盾已经转化为人民日益增长的美好生活需要和不平衡不充分的发展之间的矛盾"。这为我国未来的发展指明了方向和目标，是我们党对"中国特色社会主义进入新时代"主要特征的科学概括，也是社会主义中国进入新时代的重要标志之一，这样的判断是基于我国国情的科学判断。当前，我国经济发展已经进入新常态，面对本就错综复杂的国际形势，面对全球新一轮科技革命和产业变革正在孕育兴起的新机遇，面对百年未有之大变局，2024 年 1 月 31 日，习近平在中共中央政治局第十一次集体学习时强调，加快发展新质生产力，扎实推进高质量发展。习近平总书记指出，高质量发展需要新的生产力理论来指导，而新质生产力已经在实践中形成并展示出对高质量发展的强劲推动力、支撑力，需要我们从理论上进行总结、概括，用以指导新的发展实践。习近平总书记就创新发展多次强调："当代工人不仅要有力量，还要有智慧、有技术，能发明、会创新"①。大众创业、万众创新成为我国新常态下经济发展的"双引擎"，一方面，充分发挥市场在资源配置中的决定性作用，培育打造新引擎，推动大众创业、万众创新；另一方面，更好发挥政府作用，改造升级传统引擎，增加公共产品、公共服务供给。近年来，广大劳动者特别是以劳动模范为代表的行业顶尖人才，如科技型劳动模范罗阳、孙泽洲等，工匠型劳动模范高凤林、管延安、巨晓林等，服务型劳模杨善洲、刘双燕、黄大发等，用自己的实际行动认真贯彻落实党中央、国务院的决策部署，弘扬劳模精神、劳动精神、工匠精神，他们主动投身大众创业、万众创新的大业，他们立足自身岗位积极开展创新创造，他们在平凡的岗位上创造了不平凡的业绩，以实际行动诠释了中国人民具有的伟大创造精神、伟大奋斗精神、伟大团结精神、伟大梦想精神。"开拓创新、人民至上"成为新时代劳动模范的显著特征，激励和鼓舞着新时代劳动者，为实现中华民族伟大复兴的中国梦而凝聚起强大精神力量。

2.2.2　彰显民族精神与时代精神

劳模精神是鼓舞全国各族人民勇毅前行的强大精神动力。民族精神是在长期的社会历史发展过程中形成的，是一个民族的精神信仰，是支撑民族生存和发展的重要力量。劳模精神是伟大民族精神的重要组成部分，培育新时代劳模精神，有助于彰显和升华民族精神的时代价值，坚定民族信仰和民族自信心。培育和弘扬新时代劳模精神是对伟大中华民族精神的集中凝练和表达。劳模精神为民族精神提供了鲜活的精神资源，推动民族精神不断创新和发展。劳动模范以强烈的主人翁意识和非凡的创造能力以及勇往直前的奋斗精神，充分展现了中华民族奋发图强、锐意进取和勇往直前的劳模精神，是对伟大民族精神的升华。聚焦新时代主题，唯有精神达到一定高度，国家才能兴旺发达。劳模精神的内涵和本质特征不断与时俱进，生动诠释了时代精神。劳模作为时代的领跑者，其开拓创新、积极进取、攻坚克难等优秀品质彰显了时代精神，具有鲜明的时代特征，象征着时代发展的精神风貌。劳模精神的内涵与时代价值并不是一成不变的，是伴

---

① 习近平．在同全国劳动模范代表座谈时的讲话．新华社，2013 - 04 - 28.

随时代发展的特点、经济社会发展的主要趋势和国家意识形态而不断发生变化的。从最早期的"老黄牛"精神到"工匠精神"，再到新时代的创新创造精神、奋斗精神等，都是劳模精神随时代变化发展而不断演进的过程。劳模精神集中体现了劳动模范们的先进意识和创新创造能力，紧扣时代发展的主旋律，在继承了老一代劳动模范艰苦奋斗、兢兢业业的优良传统的基础上，继续发扬并充分吸收新时代经济社会发展带来的优秀养分，催生出伟大精神品格，激发与时俱进的强大精神力量，为社会进步发展指明方向。

1. 丰富了新时代民族精神

中国人民具有伟大创造精神、伟大奋斗精神、伟大团结精神、伟大梦想精神。博大精深的中华文化孕育了新时代民族精神，以劳动模范为代表的广大人民是新时代民族精神的现实载体，在劳动模范群体身上所凝结的劳模精神是新时代民族精神的重要组成部分。劳动模范群体具有伟大的创造精神。平凡铸就伟大，创新创造是关键，这也是为什么劳动模范能够从万千劳动者中脱颖而出的原因。劳动模范群体具有伟大的奋斗精神。党的百年历史是一部激荡人心的奋斗史，新中国所取得的伟大成就是通过奋斗实现的，劳动模范在其中是中流砥柱。每一位普通劳动者的成功都需要奋斗，广大劳动人民唯有接续奋斗才能更好地成就自己，贡献国家。劳动模范群体具有伟大的团结精神。团结就是力量，中华民族的发展源远流长，各民族共同书写悠久历史、共同创造灿烂文化、共同培育伟大精神，靠的就是民族团结。我们处于社会之中，需要懂得与他人相处，懂得协作，所以劳动模范靠的不是自己个人的力量，而是靠他所在整个团队的团结协作。劳动模范群体具有伟大的梦想精神。习近平总书记在2019年新年贺词中说："我们都在努力奔跑，我们都是追梦人。"劳动模范是奔跑在最前面的群体，他们怀揣梦想，带领着广大普通劳动者在普通的工作岗位上绘就蓝图，中国梦的实现需要我们每个人都具有伟大梦想，满怀信心和期待，携手追梦。劳动模范是新时代民族精神忠诚的信仰者和坚定的实践者，是劳动人民践行民族精神的典范，为新时代民族精神的弘扬和传播做出了重要贡献。

2. 展现了社会主义核心价值观的精髓

核心价值观是推动一个民族、一个国家发展进步的最深沉的力量，劳动模范以核心价值观为指导，通过自身的劳动实践实现了社会主义核心价值观的具体转化，不仅形成了情感上的认同，也落实到了行为习惯、生产生活中，他们将社会主义核心价值观内化为自己的精神追求，外化为个人的自觉行动，是知行合一的模范。劳模精神源于这种知行合一，是社会主义核心价值观的具体转化。社会生活中，劳动模范用自己的模范行为和高尚人格弘扬劳模精神，以此感召群众、带动群众，生动而具体地展现出社会主义核心价值观的精髓。

3. 成为实现中华民族伟大复兴的精神引领

《中共中央关于党的百年奋斗重大成就和历史经验的决议》指出："今天，我们比历史上任何时期都更接近、更有信心和能力实现中华民族伟大复兴的目标。"实现中华民族的伟大复兴不是朝夕之事，但需要广大劳动人民保持只争朝夕、不负韶华的精神，团结一致、接续奋斗。劳动模范在党的百年历史中做出了榜样，他们不惧困难，奋勇向前，创造了一个个奇迹，取得了一个个伟大成就；新时代中，劳模精神的价值更加凸显，民生保障、国家安全、航天工程、文化传承、基础设施建设、生态文明建设等各个方面、领域都有劳动模范的身影，都有劳模精神的传承。劳动模范是我们每一位劳动者的榜样，劳模精神引领着我们积极投身于社会主义现代化建设。

2.2.3　引领社会风尚

新时代的劳模精神引领着时代新风，培育新时代劳模精神，能够带动全社会形成尊重劳动的良好社会氛围，让尊重劳动、劳动光荣蔚然成风。辛勤的劳动不仅能够创造社会财富，还能够创造人世间的一切幸福。以劳模为榜样，发挥劳模事迹的感召力量，弘扬劳模身上的优秀品质和伟大精神，充分激发我国最广大人民群众劳动创造的积极性，提高自身精神追求，有助于在全社会树立劳动最光荣、最伟大、最崇高、最美丽的劳动价值观，让积极劳动和创新创造成为时代发展的主旋律。营造热爱劳动和尊重劳动的良好社会风气，传递积极向上的社会主义正能量，为社会主义精神文明建设汇聚力量。尊重并鼓励一切对社会文明发展起推动作用的劳动创造和劳动者，鼓励劳动群众的创新精神，宣扬优秀劳动模范的先进事迹，引导广大人民群众崇尚劳动，让劳动最伟大和劳动最光荣的理念深深地植入群众心中，是时代发展的最强音。培育新时代劳模精神，有助于弘扬诚实劳动的劳动理念，培植劳动是神圣且光荣的劳动价值观，让崇尚劳动成为社会风尚，为实现劳动人民未来美好生活添砖加瓦，为实现中华民族伟大复兴而拼搏奋斗。

新时代中，坚持和发展中国特色社会主义离不开广大劳动者，更离不开劳模精神的引领。一定要在全社会大力弘扬劳模精神、劳动精神，大力宣传劳动模范和其他典型的先进事迹，引导广大人民群众树立辛勤劳动、诚实劳动、创造性劳动的理念，让劳动光荣、创造伟大成为铿锵的时代强音，让劳动最光荣、劳动最崇高、劳动最伟大、劳动最美丽蔚然成风。当今信息化时代，科学技术快速发展并改变着人们的生活，人工智能使得一部分工作被机器取代。有的人借此鼓吹劳动无用、劳动者将会被机器所取代等错误言论。当前，必须要加强劳动教育，增强人们的劳动观念，不管何种形式的劳动，都是为社会发展出力，都应该得到尊重，通过诚实劳动去创造美好生活，这是实现人生目标的手段，也是每个人的责任。

课后研讨与实践 ////////////////////////////

1. 劳模精神是如何随着时代发展而变迁的？
2. 思考并论述劳模精神对学生教育的影响。

2.3 劳模精神的继承和发扬

2.3.1 广泛宣传劳模先进事迹

1. 精准把握宣传方向

培育好劳模精神，宣传非常重要，也是最关键的一步，因为这关乎劳动模范如何更好地以点带面，如何形成更好的辐射效应。我们要加强对劳模宣传方向的指引，针对原来的劳模报道多、新进劳模报道偏少，劳模的宣传更新换代慢等问题提高宣传的力度，"因地制宜"地发展劳模文化。比如在社会中不同的工作范畴，会产生不同类型的劳动模范，因此对于培育劳模精神来讲，劳模文化的宣传方式就要有所改变。比如对于农民和科学技术工作者，两者必须要有不同的宣传方式和范畴。劳模文化代表着工人阶级的先进性，为社会的发展提供源源不断的动力。国家的富强需要劳模文化，人们自身的进步也需要劳模文化的先进思想引领。为了更好地发挥劳模文化的价值、提升劳模文化的影响力，我们需要在宣传方向上加强党的引领作用，在宣传方法上加大创新力度，挖掘新的手段、总结新的经验，从而更好地践行社会主义核心价值观。

2. 丰富创新宣传形式

与传统的传播形式相比较，新时代对劳模精神的宣传应该更多元化和广泛化，突出对更高质量发展的追求，强化劳动模范行为的感召力和人格魅力。其突出表现在劳动模范以年轻化和行业多元化为基础，不再是人们思想中固有的劳动模范形象，而是一批有活力、有动力的以年轻人为主力的榜样。从劳模文化的发展经验来看，在劳模精神推行的初期和中期，每一届的劳动模范对当地或者说是全国人民群众的影响都是巨大的。但随着社会的发展，劳模精神的宣传形式也遇到了障碍。有些对劳模精神的宣传形式过于陈旧，脱离群众，导致基层劳动人民认为劳动模范遥不可及、高不可攀。所以在劳模精神的宣传形式上要不断丰富创新，不拘泥于电视、报纸等传统的宣传载体，应用好微信、抖音、人工智能等新兴媒体技术，同时加大对新媒体、自媒体的正向引导，将劳模精神渗透在广大人民群众生产生活的各个方面。在丰富宣传载体的同时，针对受众人群特点，宣传角度应该更加规范、适合。例如农民和学生，对劳动模范和劳模精神的理解程度是完全不同的，关注点可能也不一样；对初中生和大学生而言，对于劳动精神、劳动模范的理解也不在同一个程度上。如果面向农民群体只宣传研究航天材料、研究人工智能、研究哲学理论等高知识人群的劳动模范，受众会对劳模精神产生陌生感，认为自己跟劳模精神毫无关系。因此在承载劳模精神的事迹推广过程中，一定要把握好想要主流传播的方向和形式，既要考虑载体也要考虑受众，"因材施教""因地制宜"地宣传弘扬劳模精神。

3. 建立常态化宣传机制

借助电视、广播、报纸、杂志等传统媒体，再加上互联网、新媒体、自媒体的优势，通过全方位、多角度的宣传并形成常态化机制，将劳模精神渗透在群众生活的方方面面，让劳模精神有更持久的影响力。劳模的宣传主题要紧扣时代命题，方法和手段要充分运用最新科技，内容上结合社会发展的现实情况，要能够真正有利于宣传劳模精神、培育劳模精神。加强先进典型的培养和树立过程，从细节中展现先进，观察劳动模范在工作中的积极表现和对身边同事的关心与爱护，总结劳动模范的先进性，升华凝练创新宣传方法，同时扩大劳模精神的社会影响力，让劳模精神促进生产力的转型升级，使人们真正领悟劳模精神的作用。宣传劳模精神常态化不仅可以使劳动模范的先进性得以展现，使劳模形象更加鲜明，让人民群众更真切地感受到劳动模范的价值，还会让劳模的爱岗敬业、无私奉献、勇于创新的劳模精神得到充分展示。

2.3.2　广泛开展劳模精神学习教育活动

1. 关注家庭劳动教育

家庭是社会的基本细胞，是道德养成的起点，也是劳动观念最初养成的地方。郭明义受到劳动模范父亲的影响，也立志要做劳动模范，最终实现理想，成为全国劳动模范。生物学家施一公院士从小受到老红军爷爷的影响，在祖国需要培养更多的生物学人才时，毅然放弃美国的高薪职位回归祖国教育事业，为我国的生物科学做出了突出贡献。家庭是劳动教育中的起始阵地，家长对孩子做好劳动教育是十分重要的。首先，家长自身要确立正确的劳动观念和劳动教育观念，还应有在孩子劳动观念产生偏差时及时纠正的意识。轻言传、重身教，以身作则让孩子清楚地明白劳动是保障生活幸福的来源。在培育劳模精神中应以弘扬中华民族传统、热爱劳动的美德为依托，在家庭邻里之间形成良好的劳动氛围。用正确劳动观念引导孩子，可以使孩子养成良好的劳动习惯和道德情操，从小就了解为社会主义建设而奋斗的目标，热爱劳动，成长为德智体美劳全面发展的人。

2. 立足学校劳动教育

学校作为公民道德建设的重要阵地，首先，要全面贯彻党的教育方针，坚持以社会主义为办学方向，将立德树人贯穿学校教育全过程，培养德智体美劳全面发展的社会主义接班人。面对当前学校层面劳动教育的困境，要建立一个健全的劳动教育体系，将劳动教育设为必修课，并且保证"小中大"劳动教育课程的连贯性和系统性。其次，要加强对于劳动教育专业教师的培训，加强学科教师的队伍建设。最后，健全劳动教育的评价标准和体系，要针对不同阶段有更明确的分级和规范。遵循教育规律，结合不同教育阶段的学生心理特点，将劳动的意义、劳模精神合适又合理地传授给学生。比如在大学教育阶段，利用新兴的短视频宣传方式创新课程，让劳模精神更有活力地进入大学课堂，使劳动观念、劳模精神更深入大学生的内心。实践出真知，增加劳动教育的实践课程活动，可以引导学生通过实践践行健康的劳动观念。立足学校的劳动教育，可以更好地让学生认识社会、了解国情，增强社会责任感，养成尊重劳动、崇尚劳动的劳动习惯。对劳动精神、劳模精神的教育活动常态化、制度化推进，对于发挥劳模精神的思想政治教育功能是十分重要的。

3. 加强社会劳动教育

伟大时代呼唤伟大精神，崇高事业需要榜样引领。所以，培育劳模精神是非常有必要的。在社会教育层面，对劳动观念的引领主要通过社会中的各个渠道进行宣传教育来实现。原来传统的宣传形式，如对劳动模范事迹的专项报道，以及将具体的劳模事迹拍成电视剧、电影等文艺作品的形式等，都是成功的宣传模式。但在新时代，自媒体迅速发展的今天，我们应该利用好短视频、公众号等宣传途径，创新宣传风格，使劳模精神渗透在生活的方方面面；加大宣传劳动模范的先进事迹，建立健全劳模的培育和领导机制，把握好舆论方向，营造良好培育劳模精神的社会道德环境。舆论具有成风化人、敦风化俗的重要作用。要坚持以正确的劳动观念为主流，增强人们的劳动意识，发挥舆论监督作用，加强劳动者的职业道德修养，强化道德自律感，自觉履行社会责任，发扬正能量的社会主义劳动观念，在全社会形成热爱劳动、崇尚劳动、人人争当劳动模范的生动局面。

2.3.3 立足岗位践行劳模精神

平凡成就伟大，劳动创造辉煌。众多劳动模范在平凡的劳动中创造了不平凡的业绩，他们引领着前行的航向，体现着社会的主流价值。学习劳模精神，弘扬劳模精神，就是要立足自身岗位，以劳动模范为榜样，在工作实践中展现自身价值，成就不平凡的业绩。

首先要学，学习是我们的立身之本，也是干好工作的基础和前提。立足平凡岗位弘扬劳模精神，就要从学习抓起，坚持向书本学、向实践学，学理论、学业务、学技术，边干边学，以干促学、以学促干。

其次要专，就是要珍惜现有的机会、条件和平台，热爱自己的岗位，心无旁骛，专心致志，努力使自己成为行家里手、行业翘楚，同时要有"打破砂锅问到底"的研究精神和敢为人先的创新魄力，努力研究新技术，跟上新时代。

再次要实，踏实做事、诚实做人，顾大局、讲奉献，只有在默默奉献中才能体会付出的喜悦，在淡泊名利中感悟人生价值。为此，工作中多干一点没什么，急难险重任务多分担一些也无妨。生活上向低标准靠拢，工作上向高要求看齐，吃苦在前，享受在后，方可淬炼出优良品质，

最后要恒，就是要有"咬定青山不放松"的恒心和毅力、执着和坚守，要有面对坎坷的思想准备，在困难和挫折面前不放弃、不抛弃，勇于担当，时刻拥有战胜困难的勇气和信心。

劳动模范的先进事迹是劳模精神的生动写照，集中凝聚和彰显着"爱岗敬业、争创一流，艰苦奋斗、勇于创新，淡泊名利、甘于奉献"的精神，向劳模们学习，就要在平凡的岗位上做起，要把自己的工作岗位当成创造人生价值的最佳平台，坚定报国志向，用满腔的热情乃至生命践行劳模精神，努力提高技术技能水平，为全面建设社会主义现代化强国、中华民族伟大复兴贡献智慧和力量。

2.3.4　劳模光辉照人行

案例 2-1　　　　　　　**兵工事业开拓者——吴运铎**

吴运铎是江西萍乡人，祖籍湖北武汉，历任中南兵工局副局长、机械科学研究院副总工程师、五机部科学研究院副院长等职。他早年曾在安源煤矿当工人，20世纪40年代初，条件异常艰险，他在淮南抗日根据地克服种种困难，带领工人为前方部队制造急需的枪炮弹药。在一次修复炮弹时，他的左手被炸掉 4 根指头，左腿膝盖被炸伤，左眼水晶体被炸破。但是，他知道前方急需枪炮弹药，等不及伤愈就回到了兵工厂。1947 年，吴运铎奉命去大连建立引信厂并担任厂长。一次试验弹药爆炸力时发生意外，他被炸得浑身是伤。治疗过程中，他阅读苏联小说《钢铁是怎样炼成的》，从中得到鼓舞和激励。为了伤愈后更好地工作，他努力学会了日文。当他能下地时，他便请示领导买来化学药品和仪器，将病房变成实验室，研制成一种高效炸药。他还撰写过自传体小说《把一切献给党》。这本书不仅多次再版，而且还被译成多种文字，在国外广为流传。

资料来源：吴运铎：把一切献给党. 人民网，2019－09－03.

分析

吴运铎"把一切献给党"的赤子之心，将永远闪烁着灿烂的光辉，成为兵器工业薪火相传的"根"和"魂"。自参加革命之日起，吴运铎就把献身党的事业作为毕生追求，刻苦钻研、勤奋工作，以铮铮铁骨书写了中国革命史和人民兵工发展史上的一段传奇。

案例2-2　　　　　　　　　　敦煌的女儿——樊锦诗

樊锦诗，浙江杭州人，1938年在北平出生，曾任敦煌研究院院长。她视敦煌石窟的安危如生命，扎根大漠，潜心石窟考古研究，完成了敦煌莫高窟北朝、隋、唐代前期和中期洞窟的分期断代。改革开放以来，她坚持改革创新，带领团队致力于世界文化遗产的保护传承，积极开展文物国际交流合作，引进先进保护理念和保护技术，构建"数字敦煌"，开创敦煌莫高窟开放管理新模式，有效地缓解了文物保护与旅游开发的矛盾。在全国率先开展文物保护专项法规和保护规划建设，探索形成石窟科学保护的理论与方法，为世界文化遗产敦煌莫高窟文物和大遗址保护传承与利用做出突出贡献，被誉为"敦煌的女儿"。

资料来源："敦煌的女儿"樊锦诗：一生只做一件事.新华网，2021-06-21.

分析

舍半生，给茫茫大漠。从未名湖到莫高窟，守住前辈的火，开辟明天的路。半个世纪的风沙，不是谁都经得起吹打。一腔爱，一洞画，一场文化苦旅，从青春到白发。心归处，是敦煌。

案例2-3　　　　　　　　　　永远的战士——朱彦夫

朱彦夫同志是山东省沂源县西里镇张家泉村人，1933年7月出生，1949年加入中国共产党，一级伤残军人，被誉为中国的保尔·柯察金，中宣部授予其"时代楷模"称号。1956年他主动放弃荣军休养所的特护待遇，开拓新的人生之路。1957年，他担任村党支部书记，带领全村群众治理荒山、兴修水利、发展教育。他自费办起山村图书馆和第一所夜校，挂着双拐，拖着17斤重的假肢，天天晚上风雨无阻，用两只残臂夹着套着弹壳的粉笔，教群众识字。他带领村民棚沟造地，向山沟要良田，镢刨锨挖，筐抬车推，一个冬春下来，搬了2万多方土石，建成了1500多米长的暗渠。荒废的赶牛沟变成了40多亩良田，当年增产粮食5万多斤。舍地沟、腊条沟也变成了70多亩良田，直到现在仍给村民们带来巨大的经济效益。为了解决吃水问题，他请来水利专家，翻山越岭，数不清摔了多少跟头，每天坚守在打井工地，带领群众打出了3眼大口井，修建了1500米长的水渠，彻底解决了村民用水匮乏和无水浇田的问题。经过25年的艰苦奋斗，全村群众逐步摆脱贫穷落后的状态，过上了温饱殷实的好日子。他用7年的时间，拖着残疾的身体，先后乘火车跑上海、南京等地联系材料来解决村里的用电问题。1978年，张家泉村结束了点油灯的历史，成了全乡第一个用上电灯的村。朱彦夫当村支书期间，出出进进为村里办事，从来没在村里报销过一分钱。25年来，他不仅没有在生活待遇上向组织伸过手，而且多次谢绝组织的照顾，主动用自己微薄的抚恤金为集体办事、接济困难群众。

朱彦夫同志 14 岁参军，18 岁失去双手、双脚和左眼，昏迷 93 天，动过 47 次手术，却以惊人的毅力实现了生活自理。面对群众的期望和家乡的落后面貌，他挺身而出，勇挑支部书记的重担，与群众同甘共苦。张家泉村的山水间，都深深地印下他立行、跪行、爬行、滚行的"痕迹"。几十年的艰苦奋斗换来了张家泉村"山上松树戴帽、山下林果缠腰"的景象。这都源于朱彦夫同志一心为民、无私奉献的高尚情怀，源于他对祖国的满腔热血、对乡亲们的一片真情。

资料来源：枪杆子、锄杆子、笔杆子　他把人生书写得如此精彩. 人民网，2022－03－06.

分析

生命于你不只一次，士兵于你不只是经历，没有屈服长津湖的冰雪，也没有向困苦低头。与自己抗争，向贫穷宣战，一直在战斗，一生都在坚守，人的生命应当像你这样度过。

案例 2－4　　　　　人民代表——申纪兰

申纪兰，1929 年生于山西省平顺县，1953 年 9 月加入中国共产党。1951 年 12 月，西沟初级农业生产合作社成立，申纪兰同志被选为副社长。她发动西沟妇女参加农业生产，争取实行男女同工同酬，提高了妇女的社会地位。1953 年 1 月 25 日，《人民日报》发表长篇文章《"劳动就是解放，斗争才有地位"——李顺达农林畜牧生产合作社妇女争取同工同酬的经过》，申纪兰的事迹在全国引起热烈反响，男女同工同酬作为重要的政治命题得到广泛关注，并受到党中央的高度重视。1954 年，在第一届全国人民代表大会上，男女同工同酬正式写入宪法。

1954 年，申纪兰同志当选第一届全国人大代表，参加了第一届全国人民代表大会。从 25 岁第一次当选至今，她是唯一连任十三届的全国人大代表。

1971 年，申纪兰同志任平顺县委副书记、晋东南地区妇联委员。1973—1983 年，任山西省妇联主任。1984—2017 年，任长治市人大常委会副主任。几十年来，她始终坚持"不领工资、不转户口、不定级别、不要住房、不调工作关系、不脱离劳动"。

改革开放后，申纪兰同志与时俱进，带领山区群众，探索农村改革发展新路，农林牧副一起抓，治山治沟、兴企办厂，为老区发展呕心沥血、殚精竭虑。

党的十八大以来，申纪兰同志坚持以习近平新时代中国特色社会主义思想为指导，带领群众发展生态经济、绿色经济，创办扶贫工厂，助力推动脱贫攻坚、乡村振兴，努力把西沟建设成"看得见山，望得见水，记得住乡愁"的美丽乡村。

申纪兰说："劳模，劳模，不劳动叫啥劳模。"几十年来，她始终坚信劳动最光荣、奋斗才幸福。不论职位如何变化，她始终保持不脱离群众、不脱离劳动的传统，坚持住在西沟，坚持参加劳动，团结带领西沟人民战太行、绿太行、富太行、美太行，以实际行动在人民群众心中树立起了劳动模范的光辉形象。在她的带动和影响下，平顺县先后涌现出了100多位省部级劳模。

资料来源：功勋人物：申纪兰．中国人大网，2020－06－28．

分析

在为人熟知的荣誉背后，她是一个高龄老人；一个每天仍坚持劳动的全国劳模；一个践行"六不"原则（即不领工资，不转户口，不定级别，不要住房，不调工作关系，不脱离劳动）的党的高级干部；一个三句话不离感恩共产党，但也经常批评一些歪风邪气，坚定履行代表职责的人民代表。

案例2－5 **毫厘之间、精心雕琢的大国工匠——洪家光**

洪家光，中国航发沈阳黎明航空发动机有限责任公司高级技师，先后荣获全国职业技能大赛第一名、中华技能大奖、全国劳动模范、全国五一劳动奖章、全国优秀共产党员、全国技术能手、中国航发技能大师、2021年大国工匠年度人物等60余项殊荣。多年来，他爱岗敬业、精益求精、努力钻研、争创一流，通过技术革新为企业贡献力量，创造了可观的经济效益和社会效益。由他带领的洪家光劳模创新工作室集智攻坚，先后完成技术创新和攻关项目84项，实现成果转化63项，解决生产制造难题564项。他个人拥有8项国家专利，团队拥有30多项国家专利。无数个高光时刻的背后，是不懈的创新进取，是巧到极致的技艺，是毫厘之间的精密磨削，是让加工航空发动机叶片的工具再精确一微米，是到一根头发丝二十五分之一的精心雕琢。为了让积累多年的加工技能得到推广，洪家光录制了教学视频《车工技能操作绝技绝活》，让更多的人学习掌握相关技能。近年来，洪家光作为劳模代表，参加了全国、省、市各级劳模宣讲团，先后赴13个省市完成72场个人事迹宣讲，不断引导青年职工把对梦想的追求聚焦到扎根本职、努力奋斗上。

资料来源：洪家光：毫厘之间精心雕琢．中工网，2022－07－01．

分析

无数个高光时刻的背后是巧到极致的技艺，是毫厘之间的精密磨削，是让加工航空发动机叶片的工具再精确一微米，是到一根头发丝二十五分之一的精心雕琢。20多年来，他精益求精、努力钻研，通过技术革新为企业和国家贡献力量。

案例2－6 **创新实干的劳动模范——苏健**

全国劳动模范——中国中车唐山机车车辆有限公司数控管道工、高级技师苏健，从事铁路车辆制造30多年，他不断创新，获得国家专利授权12项，60余项创新成果获得公司奖励，自制工装 40 余套，攻克生产瓶颈难题 58 项，攻破重大技术难题 12 项，组织编制 "CRH3 数控弯管角度回弹补偿数据库"，破解高速动车组制动管路安装质量难题，填补了行业空白。他的身上体现的便是不畏艰苦、勇于创新的劳模精神。他说："为了掌握一门专业知识，我可以用多种途径去寻找资料，无论是借还是买；为了练就一项技能，我可以牺牲自己的休息时间，一个人到实习场偷偷练习；为了解决一道难题，我可以关起房门，一头钻进书海里，废寝忘食；为了精益求精，我可以和工友们一起进行 4 500 多次实验，采集动车组弯管数据 12 000 多个。几十年来，我就这样一直在技术、操作的领域不断地奔跑、向前。"作为技术人才，他明白钻劲的重要性，没有钻劲，就很难取得突破，必须潜心钻进去探索。他也深知，身上肩负着时代赋予的使命，必须要发扬劳模精神，主动作为，勇于担当，持续创新，只有将自己的梦与时代的梦紧密相连，才能为新时代中国特色社会主义建设贡献更大的力量。

资料来源：建功新时代 劳模精神 成就非凡. 央视网，2022 - 05 - 02.

分析

从业 30 多年，从绿皮车时代到高铁时代，苏健加工和安装了无数根制动管，没有出现一次质量问题。他和千千万万高铁产业工人一样，都是列车飞驰背后的无名英雄。他们不忘初心、执着坚守，用卓越的技艺报效祖国。

案例 2 - 7　焊接领域的 "钢铁侠" 艾爱国和一辈子为民纺纱的黄宝妹

艾爱国是 "七一勋章" 获得者，来自湖南华菱湘潭钢铁，是一名焊接顾问，也是一名 "大国工匠"。参加隆重的 "七一勋章" 颁授仪式时，他依然衣着朴素，鞋子是工作皮鞋，西服还是多年前买的，他说："一定要保持工人本色，当工人就要当一个好工人！"在艾爱国心里，永葆本色就是 "安心从事自己的岗位"。焊接工作一干就是五十多年，痴心基层。后来退休了，女儿有意让他放下工作休息享福，他却不愿意："如果想让我多活几年，就让我继续工作，工作对我来说就是休息！"

黄宝妹也是 "七一勋章" 获得者，来自上海第十七棉纺厂，已经退休多年的她始终没有放弃过奉献，协助新疆石河子市筹建棉纺厂、创建 "劳模公司"、帮助有困难的老劳模等，一直发挥着自己的光和热。走进耄耋之年，她更是主动申请加入 "百老德育讲师团"，义务开展劳模精神的宣传，结合自身的经历讲述党的历史，主动学习网络应用知识，通过网络向社会传播正能量。她有一句话说得朴实而又深刻："党员是不退休的，如果我们党员都能奋斗终生，国家能不繁荣富强吗？"黄宝妹曾两次获得 "全国劳动模范" 殊荣，作为一名老党员，她始终坚信幸福不是索取，而是奉献！

资料来源："七一勋章" 获得者大国工匠艾爱国：当工人就要当一个好工人. 新华网，2021 - 07 - 05.

"七一勋章"获得者、纺织女工黄宝妹：一辈子只为让全国人民穿好衣．广州日报，2021－07－06．

分析

在焊接领域，艾爱国从学徒做起，刻苦钻研、攻坚克难，终成技能大师。心心在一艺，其艺必工；心心在一职，其职必举。一把焊枪，一双妙手，艾爱国用扎实的技艺，"缝纫"着钢铁筋骨；千度烈焰，万次攻关，艾爱国用坚忍的意志，攻克着一个个难题。

黄宝妹是新中国第一代劳模，从13岁在日资纱厂当童工，到先后七次被评为上海市、纺织工业部和全国劳动模范，再到耄耋之年荣获"七一勋章"，她是中国共产党领导下的新中国发展的见证者、参与者、奉献者。

 课后研讨与实践 ///////////////////////////////

1. 你所在的学校应如何继承和发扬劳模精神？
2. 新时代大学生应如何践行劳模精神？
3. 你心中的劳模应具备怎样的精神？

第 3 章

"精益求精，永追卓越"的大国工匠精神

▶ **知识目标**：了解工匠精神的来源和发展；掌握新时代工匠精神的内涵和价值；了解新时代工匠精神的传承和培育。

▶ **能力目标**：培养学生精益求精的劳动意识、严谨务实的创新精神和永追卓越的工匠精神。

▶ **价值目标**：树立"精益求精、永追卓越"的大国工匠精神，增强学生对工匠精神的情感认同、理性认知，将工匠精神植入学生心田，促进学生正确"三观"的养成。

🌐 **知识脉络图**

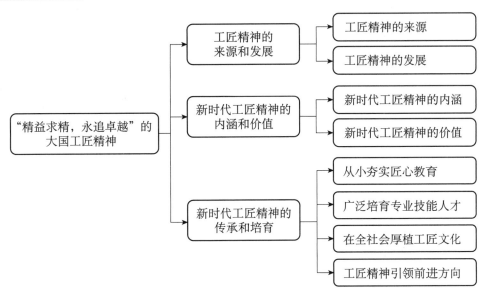

3.1 工匠精神的来源和发展

党的十八大以来，习近平总书记就弘扬劳模精神和工匠精神发表了一系列重要讲话和论述，为我们对工匠精神的认识奠定了坚实的理论基础。现阶段，唯有深入学习习近平总书记的重要论述，才能更加深刻认识工匠及工匠精神的重要理论，进一步明确其实践价值，弘扬工匠精神，建设一支重知识、善技能、创新型的适应当代社会生产实际的建设者和接班人队伍。

3.1.1 工匠精神的来源

在社会的发展过程中，手工艺劳动持续地创造和改变着人类的生活。手工艺劳动一方面创造物质财富，这是人类生活不可或缺的；另一方面也在创造美，满足人类对美的需求。从出土的文物能够看到，前人陶工所烧制的各种陶器物件，经历了从简单粗陋到逐步精致美化的演变，陶器在变得越来越实用的同时也越来越具有欣赏价值。

在中国传统文化语境中，工匠是对所有手工艺（技艺）人，如木匠、铁匠、铜匠等的称呼。荀子说："人积耨耕而为农夫，积斫削而为工匠。"这句话的意思是：长期从事农业生产的人为农夫，长期使用斧头等工具的人为工匠。纵观人类历史，工匠就是从小学徒而终生从事某种匠工的人，如铁匠、铜匠、建筑泥瓦匠等，这些匠人都是以他终生精力从事某一工艺领域。通过历史资料能够了解到，在春秋战国时期就出现了"百工"，说明当时的工匠已经初具规模。在古代历史上，鲁班、李春、李冰、沈括这样的世界级工匠大师，是值得我们敬仰的工艺文化历史巨人，民间仍然有很多传说在传颂着他们的成就。

现代工业社会，人类社会进一步发展，更多的手工艺向机械技艺以及智能技艺转换，以至于人们认为传统手工艺工匠已经远离了人们的生活。其实并非如此，工匠不但没有消失，而且更为重要，只不过以新的面貌或形式出现，我们把现代工业领域里的工匠称为新型工匠。我国 2015 年印发《中国制造 2025》，部署全面推进实施制造强国的战略。从制造大国向智造大国的升级转换，需要更多懂技术、肯钻研的匠人奋斗在制造一线。近年来，国家重视职业教育也是适应了这一需求，因为新型工匠的技能水平直接影响工业水准和制造水准，这个时代更需要将中国传统文化中所深蕴的工匠文化发扬光大，而这种工匠文化我们可以称为工匠精神。

3.1.2 工匠精神的发展

千百年来，工匠以自己的劳动实践为人类社会带来诸多物质文明成果，涉及人类生活的方方面面，在这个过程中，人们通过不断总结，在精神文明层面逐步形成了以工匠精神为核心的工匠文化。

我国古代工匠文化或工匠精神是实践的积淀，更是这些匠人内心对工艺的追求的体现。即使当今社会，像高凤林、张冬伟、顾秋亮等这些当代大国工匠，他们的成功也都是基于刻苦学习训练、反复实践，他们对于劳动对象的自然机理之道的深刻把握，既传承了我国工匠文化和精神，同时也进一步发展了工匠精神。

工匠精神是一种伦理德性精神，在生产实践中精益求精，持之以恒地探索，坚持不懈地创新是工匠内在德性的集中体现。"道技合一"是德性品格的见证。只有坚守质量品质，致力打造精品，始终把产品的优劣作为看待自己人格和荣誉的标准，才能具有优美德性、始终追求卓越。我们要以大国工匠为榜样，做一个品德高尚、追求卓越的人，积极投身于中华民族伟大复兴的宏伟事业中。

 课后研讨与实践 /////////////////////////////

1. 结合学习体会，谈谈什么是工匠精神。

2. 请举例说明古代能工巧匠给我们留下的宝贵遗产，整理资料分享给同学们。

3. 怎么理解实施《中国制造 2025》需要传承工匠精神？

3.2　新时代工匠精神的内涵和价值

3.2.1　新时代工匠精神的内涵

1. 热爱劳动、以劳动为荣

人类通过劳动实践去改造大自然，在改造大自然的过程中持续积累经验与技能，创造着越来越丰富的社会财富，进而不断推动历史文明进步。

新时代工匠
精神的内涵

正如习近平总书记在 2019 年春节团拜会上所说："用辛勤劳动创造中国人民的美好生活、创造中华民族的美好未来。"我们必须形成统一共识，人民在通过劳动创造历史的同时，也在通过劳动创造自我、改变自我。我们要把通过劳动实践实现自我价值、实现人生价值作为毕生追求，这就是工匠精神的本质和内涵。我们更要认识到劳动是人类赖以生存的根本方式，是个人实现其人生价值的舞台和空间。习近平总书记指出："劳动是财富的源泉，也是幸福的源泉。人世间的美好梦想，只有通过诚实劳动才能实现。"①

---

① 习近平. 在同全国劳动模范代表座谈时的讲话. 新华社，2013 - 04 - 28.

我们应该清楚地认识到，唯有热爱劳动、以劳动为荣，通过坚持不懈的诚实劳动，为社会创造物质财富与精神财富，才能实现自身价值，进而产生幸福感和愉悦感，也才能在实现中国梦的伟大征程中贡献个人的智慧和力量。习近平总书记指出："一切劳动者，只要肯学肯干肯钻研，练就一身真本领，掌握一手好技术，就能立足岗位成长成才，就都能在劳动中发现广阔的天地，在劳动中体现价值、展现风采、感受快乐。"[①] 热爱劳动、专注劳动、以劳动为荣是工匠精神的首要要义，在劳动中体验和升华人生意义与价值是工匠精神的题中应有之义。

2020年3月中共中央、国务院印发《关于全面加强新时代大中小学劳动教育的意见》，对当代大学教育提出明确要求，要根据大学生的特点采取灵活多样的方式方法，引导大学生树立正确的劳动观，热爱劳动、以劳动为荣。

2. 热爱岗位、坚守奉献

工匠精神是对职业劳动的热爱、奉献和坚守精神。从人类历史来看，任何一个时代的工匠都做到了干一行爱一行，在劳动中增长技艺与才能，这是工匠精神的精髓，更是工匠精神的基本要义。全体劳动者要发扬和践行工匠精神，热爱岗位、坚守奉献，在平凡的岗位上干出不平凡的业绩。

3. 一丝不苟、精益求精

几千年文明发展历程，中国工匠制造了无数无与伦比的工艺美术品，如历代精美玉器、陶瓷陶器、金属制品等。这些精美的工艺品是我国古代工匠高超技艺、伟大智慧的结晶，也是中国工匠注重细节、追求完美的成果，更体现着前辈先人一丝不苟、精益求精的工匠精神。

细节和精度决定成败，这是现代机械工业技术特别是智能工业技术对细节和精度的严格要求。怎样才能实现对细节与精度的严密把握呢？很显然，这需要长期的实践和训练。正所谓"只要功夫深，铁杵磨成针"，传承工匠精神要体现在"功夫"上。我们要始终明白，功夫下不到或者苦功下不到，不可能出细活、出精品。

工匠从细处见大，在细节上没有终点。2024年习近平总书记在十四届人大第二次会议参加代表团审议时指出："要树立工匠精神，把第一线的大国工匠一批一批培养出来。这是顶梁柱，没有金刚钻，揽不了瓷器活。"2015年，中央电视台开播《大国工匠》纪录片，集中讲述了大国工匠的动人故事。而这些大国工匠令人感动和敬佩的地方之一，或者具有共性的精神品质就是他们对精度的追求。彭祥华能够将装填爆破药量的呈送控制在远远小于规定的最小误差之内；作为我国火箭发动机焊接第一人的高凤林不仅能把焊接误差控制在0.16毫米之内，而且能够将焊接停留时间从0.1秒缩短到0.01秒；中

---

① 习近平. 在庆祝"五一"国际劳动节暨表彰全国劳动模范和先进工作者大会上的讲话. 新华社，2015-04-28.

国大飞机项目的技师胡双钱能够仅凭他的双手和传统铁钻床就可生产出高精度的零部件。这些不计其数的动人故事告诉人们,工业时代离不开工匠精神,特别是一丝不苟、精益求精的精神。新时代唯有弘扬工匠精神、培育大国工匠,才能从根本上提升我国制造品质与水平,这是必要环节,也是重要环节。

4. 追求卓越、不断创新

工匠精神的核心要素是追求卓越、不断创新。习近平总书记指出:"创新是一个民族进步的灵魂,是一个国家兴旺发达的不竭动力,也是中华民族最深沉的民族禀赋。"[①]一个民族、一个国家的发展离不开创新,在现代工业背景下创新又离不开技艺的创新。在现代工业条件下,对于工匠技艺的要求已经不仅仅像传统工匠那样,而是提出了传承和发展创新的要求。从近年来的发展来看,传统工艺也是在传承与创新中得到发展的,我们要将传承和创新发展有机统一起来,在传承的基础上追求进一步的创新发展。实践中的每一道工艺更新、每一项技术革新、每一个产品研发,都需要有工匠的创新技艺参与其中。就像中央电视台纪录片《大国工匠》中的卓越工匠那样,他们不仅具有高超的技艺水平,更是具有强烈的创新意识和能力。我们倡导创新意识,提升创新能力,对现有的生产技艺进行大胆革新,进而给行业技艺带来突破性贡献,促进生产技艺水平提升,推动整个行业的进步和社会经济发展。

3.2.2 新时代工匠精神的价值

1. 社会发展进步需要工匠精神

纵观党的发展史、新中国建设史,新时代工匠精神为社会发展进步提供了强大精神动力。

在新民主主义革命时期,在星星之火的革命根据地上,成长起一大批优秀工匠,他们为赢得革命胜利发挥了重要作用。陕甘宁边区农具厂化铁工人赵占魁,不叫苦也不叫累,在高达上千摄氏度的熔炉前没有石棉防护服,就穿着湿棉袄代替,不忘钻研技术、改进工艺水平,使产品质量得到提高;被誉为中国"保尔·柯察金"的兵工专家吴运铎,为生产和研制武器弹药身先士卒,为此多次负伤,以顽强毅力战胜伤残,始终战斗在生产最前线,用最简陋的设备成功研制出枪榴筒,并参与设计定时、踏火等各种地雷以及平射炮等武器,提高了部队火力装备。

1949 年新中国成立后,各行各业如雨后春笋般涌现出能工巧匠,对于社会主义建设事业的蓬勃发展起到了强大的推动作用。"倪志福钻头"的发明者北京永定机械厂钳工倪志福,经过反复钻研改进,终于发明出适应钢、铸铁、黄铜、薄板等多种材质的"倪志福钻头",当时在世界上引起了很大反响;青岛国棉六厂细纱挡车工郝建秀是一名普

---

① 习近平. 在欧美同学会成立 100 周年庆祝大会上的讲话. 新华网,2013-10-21.

通工人，成就了全国纺织系统的一大创举，创造出多纺纱、多织布的高产、优质、低耗的"细纱工作法"，被命名为"郝建秀工作法"。1968年12月底，举世瞩目的南京长江大桥全面建成通车，这是在经济技术条件很差的情况下靠"独立自主、自力更生"设计建造的最大的铁路、公路两用桥，这是我国劳动者对工匠精神的追求和传承。

1978年改革开放以来，各行各业的劳动者大力发扬工匠精神，始终将专业专注、精益求精的理念和要求融入技术、产品、质量、服务的每一个环节，也因此创造了并正在创造着无数个"中国制造"的世界奇迹。我们熟知的像"汉字激光照排系统之父"王选、"金牌工人"许振超，以及从事高铁研制生产的铁路工人，从事特高压、智能电网研究运行的电力工人，风餐露宿、跋山涉水的青藏铁路建设者，等等，他们不但创造着奇迹，也是工匠精神的忠实传承者和积极践行者。

2017年，中国特色社会主义进入新时代，工匠精神的时代价值更加凸显而重大。被称为"世界第一吊"的徐工XGC88000履带起重机主设计师孙丽，港珠澳大桥岛隧工程项目总工程师林鸣，被称为矿山"华佗"的煤矿维修电工李杰，在国际上打响中国品牌的水泥生产技术行家郭玉全，拥有以自己名字命名的焊接方法的首席女焊工王中美，练就一手"绝活"的数控机床试车工麻建军，圆梦"大飞机"的上海飞机制造有限公司C919事业部总装车间全体职工等，他们都是平凡岗位上的劳动者，又是大国工匠的代表，用水滴石穿的韧劲和实际行动诠释着工匠精神，用奋斗与追求在伟大中国梦征程中树立起了光辉耀眼的旗帜。

2. 工匠精神指明新时代发展方向

"执着专注、精益求精、一丝不苟、追求卓越"，生动概括了工匠精神的内涵要义，始终激励着广大劳动者特别是青年一代走技能成才之路、技能报国之路，立志成为高技能人才和大国工匠。

（1）执着专注是工匠的本分。

许多优秀工匠在他们职业生涯中短则十几年、长则几十年专注于自己的技艺或岗位，持续不断地磨炼，最终获得骄人的成绩。山东港口青岛港前湾集装箱码头集装箱桥吊司机许振超说："我和工人们一块儿摸爬滚打了近50年，中国的码头工人不比别人差！"半个世纪以来，他坚持"干就干一流，争就争第一"，为了练习技术经常顾不上吃饭休息。功夫不负有心人，他成功练就了"一钩准""一钩净""无声响操作"等绝活，并且带领团队多次刷新集装箱装卸世界纪录。

（2）精益求精是工匠的追求。

精益求精是大国工匠共有的精气神儿，在不断追求完美的过程中，他们不断超越自我，实现梦想。无锡微研股份有限公司高级技师陈亮用"再仔细一点点，离一微米的精度就能更近一点点"激励自己工作，一微米是一根头发丝直径的1/60，一粒尘埃的颗粒直径。但就是这么一微米的精益求精，使他敢于打破常规思维模式，通过移植工序，把

"磨"和"铣"进行组合运用，以提高产品精度，终获成功。追求精益求精，让他带领团队获得多项发明专利和实用新型专利。

（3）一丝不苟是工匠的作风。

杨建华用了 39 年从一名初中没毕业的普通工人到登上国家科技进步奖领奖台的沈阳铆焊专家，他成功的秘诀就是一丝不苟。随便提一个知识要点，他就知道在《铆工工艺学》哪一页；常年随身携带记录本，几十年来足足记了上百万文字记录，他的座右铭是"岗位可以平凡，追求必须崇高"。

（4）追求卓越是工匠的使命。

在实际工作中想方设法将产品品质从 99% 提升到 99.9%，再提升到 99.99%，始终向着更好、更高、更精的方向努力，为此他们不惜花费毕生时间和精力。被称为"金手天焊"的航天特种熔融焊接工高凤林，他面对的是火箭发动机大喷管焊缝，大喷管的管壁不如一张纸厚，工作中哪怕焊枪多停留 0.1 秒就会出现管子烧穿或者焊漏的问题，损失以百万元计。高凤林没有气馁，为练就这一特殊、高难度本领，他吃饭拿筷子都忙着练习送焊丝，端着盛满水的缸子练习手的稳定性，休息时也不忘举着铁块练习耐力。正是凭借这种追求卓越的精神，经过艰苦的努力，最终成功完成了该项任务。

3. 工匠精神是建设创新型国家、质量强国和文化强国的现实需要

习近平总书记强调："现在，我国经济社会发展和民生改善比过去任何时候都更加需要科学技术解决方案，都更加需要增强创新这个第一动力。"[①] 时代发展，需要大国工匠；迈向新征程，需要大力弘扬工匠精神。在高质量发展的今天，无论是传统产业还是新兴产业、未来产业，大国工匠在发展新质生产力的历史进程中都不可或缺。要从制造业出发，从追求中国制造、中国速度和中国产品转变为更加注重中国创造、中国质量和中国品牌，这意味着必须大幅提升资本的技术构成在生产要素中的占比，意味着必须大幅提升受教育程度高、技能熟练的高素质工人在高端制造业中的比重。这些现实的需求、转变和发展情况既需要从制度、政策上加大对科研人员和技术工人等的大力支持，更需要在全社会营造爱岗敬业、守真求实、一丝不苟的良好社会风气，让工匠精神、科学精神的发达程度与科技创新、经济社会发展相匹配，为科技创新和高质量发展提供不竭的精神滋养和力量源泉。

 课后研讨与实践 ////////////////////////////

1. 新时代工匠精神的内涵是什么？

2. 如何践行新时代工匠精神？

---

① 习近平. 在科学家座谈会上的讲话. 新华社，2020-09-11.

3.3 新时代工匠精神的传承和培育

3.3.1 从小夯实匠心教育

新时代工匠精神的传承和培育，在于建设知识型、技能型、创新型劳动者大军，弘扬劳模精神和工匠精神，营造劳动光荣的社会风尚和精益求精的敬业风气。工匠精神的培育、示范和传承，是实施《中国制造 2025》的关键所在，对于提升我国产品质量、建设质量强国、实现经济转型，具有重要的意义。

为此，我们必须深刻领会工匠精神内涵要义，这是一种严谨认真、精益求精、追求完美的精神，这是从小夯实匠心教育的基础。实现中华民族伟大复兴中国梦的号角已经吹响，这个进程需要各行各业的技术人才参与，每个人都是主人翁，更要深刻理解弘扬和培育工匠精神对于中国特色社会主义经济社会的发展和民族的振兴将会起到的巨大作用，既要领会工匠精神是一种精益求精的创造精神，又要领会工匠精神是一种求精尚巧的实践精神。在中国历史发展进程中，工匠不仅是劳动者，而且是传统工业技术主体的实施者，他们所从事的实践活动蕴含着一种不断突破自我的创造精神。

在现行整个教育体系中，义务教育阶段具有奠基性作用，被视为现代国民教育体系的基石。为弘扬和传承工匠精神，党和政府构建了德智体美劳全面培养的教育体系，要求教育坚持"五育"并举，全面推动和发展素质教育。具体落实在德育工作方面，做到深化课程育人、文化育人、活动育人、实践育人、管理育人、协同育人。教育教学实践中做到打造中小学生社会实践大课堂，优化综合实践活动课程结构，确保劳动教育课时不少于一半等具体要求，从小夯实匠心教育。

3.3.2 广泛培育专业技能人才

工匠精神是践行五大发展理念的需要，包含着"追求突破、追求革新"的创新发展理念。从人类历史来看，致力于发明创造的工匠们一直是世界科技进步的重要推动力量。人类社会发展的历史证实，社会现代化的核心是人的现代化。因此，我们要大力弘扬工匠精神，用精益求精、追求卓越去推进人的现代化发展，去培育善用"利器"的专业技能人才。

社会对各种人才的评价会直接影响劳动者努力进取的方向。因此，发扬工匠精神，培养新时代技能人才需要培养尊崇工匠精神的社会风尚。同时健全技能人才培养、使用、评价、激励制度，提高该类技能群体的社会地位、经济待遇，在专业技能人才发挥作用上搭建更为宽广的舞台，使他们在经济上有保障、发展上有空间、社会上有地位。

3.3.3　在全社会厚植工匠文化

一种精神或文化的培育，往往要经历社会文化环境、经济法律制度等相互作用的较为复杂漫长的过程。工匠精神的培育也会面临类似问题，需要在全社会厚植工匠文化，在加强宣传、营造氛围、改善社会文化环境的同时，更需要政府、企业与个人共同发力，还要完善激励制度，齐心协力培育"中国工匠"。

第一，厚植工匠文化，需要健全相关法律法规，建立合理激励制度，推动和加快相关的知识产权和技术专利的保护工作，用法律、制度等形式最大限度地保护工匠的合法权益不受侵害。首先要充分利用现代技术手段来开拓传统技艺的传承，加强对工匠技艺和合法利益的保护，最大限度培养年轻一代对传统工艺的关注和热爱。其次，建立完善激励制度，才能够引导培育各行业人员精益求精的行为习惯，这是弘扬工匠精神的行为准则和价值观念的重要保障。这就要求围绕各行业人员的技能提升培训、钻研精神奖励、创新导向激励、职业社会保障等建立完善相应的激励制度体系。

第二，厚植工匠文化，需要发挥企业的主体作用。企业在培育和弘扬工匠精神、发挥好主体作用、打造更多享誉世界的"中国品牌"上责无旁贷。这就要求企业要眼光长远、专注专业，在擅长领域精耕细作。企业不要盲从于赚热钱和快钱，在提升品质的同时控制成本，用诚心实意而非概念炒作赢得消费者认可。

第三，厚植工匠文化，需要高度重视社会文化环境的建设。习近平总书记强调："劳动最光荣、劳动最崇高、劳动最伟大、劳动最美丽。全社会都应该尊敬劳动模范、弘扬劳模精神，让诚实劳动、勤勉工作蔚然成风。"[①] 党和政府为全社会营造了有利于工匠精神培育的社会环境，我们要充分认识到工匠精神对经济建设和社会发展的重要意义，提升工匠的社会地位和薪酬待遇，有效增强各行业人员的职业责任感、荣誉感，形成崇尚创新创造的社会氛围，从而让各行业人员努力钻研科学技能，使我国尽快成为专业技能人才强国。

只有全社会厚植工匠文化，崇尚"崇实尚业"之风，才能更好地发掘劳动者的创造潜能、创新动能，进而建立优质优价的市场机制，助力实现"两个一百年"奋斗目标和中华民族伟大复兴的中国梦。

3.3.4　工匠精神引领前进方向

案例 3－1　　　　　诺贝尔生理学或医学奖获得者——屠呦呦

屠呦呦，1930 年 12 月 30 日出生于浙江省宁波市，药学家。1951 年，屠呦呦考入

---

① 习近平给中国劳动关系学院劳模本科班学员的回信. 新华网，2018－04－30.

北京医学院药学系。1955 年毕业后，被分配在原卫生部中医研究院中药研究所工作。现为中国中医科学院首席科学家，终身研究员兼首席研究员，青蒿素研究开发中心主任，2015 年获得诺贝尔生理学或医学奖。

工匠精神引领
前进方向

20 世纪 60 年代，在氯喹抗疟失效、人类饱受疟疾之害的情况下，屠呦呦接受了国家疟疾防治研究项目"523"办公室艰巨的抗疟研究任务。1969 年，在原卫生部中医研究院中药研究所任实习研究员的屠呦呦成为中药抗疟研究组组长。

通过整理中医药典籍、走访老中医，她汇集编写了 640 余种治疗疟疾的中药验方。在青蒿提取物实验药效不稳定的情况下，东晋葛洪《肘后备急方》中对青蒿截疟的记载——"青蒿一握，以水二升渍，绞取汁，尽服之"给了屠呦呦新的灵感。通过改用低沸点溶剂的提取方法，富集了青蒿的抗疟组分，最终于 1972 年发现了青蒿素。

2000 年以来，世界卫生组织把青蒿素类药物作为首选抗疟药物。世界卫生组织《疟疾实况报道》显示，2000—2015 年，全球各年龄组危险人群中疟疾死亡率下降了60%，5 岁以下儿童死亡率下降了65%。

资料来源：屠呦呦：青蒿济世 科研报国．科普中国，2022 - 09 - 02.

分析

屠呦呦在 1972 年成功发现青蒿素，世界卫生组织把青蒿素类药物作为首选抗疟药物。几十年的研究历程，让我们感悟到这是一种何等的坚守与执着，她始终怀揣"青蒿济世，科研报国"的雄心壮志，以大国工匠的担当与责任，终获成功！

案例 3 - 2　　　　　　　　**世界第一吊的总设计——孙丽**

你是否领略过有两个篮球场大的底盘，一次能吊起相当于 2 000 辆家用汽车的重量的起重机，这是真实存在的中国骄傲，不是科幻电影中的情形，被称为"世界第一吊"的徐工 XGC88000 履带起重机。让你惊讶的是，负责设计这个庞然大物的总设计师竟然是一位身材纤瘦的女性，她叫孙丽，一名在徐工集团技术研发岗位上工作 20 多年的工程师，从最开始 35 吨履带式起重机的设计研发成功，逐步到 4 000 吨级全系列履带式起重机的设计研发，她的成果实现了中国大吨位履带起重机从无到有、由弱变强的跨越。2009 年以前，2 000 吨以上的大型履带起重机全部靠进口，这耗费巨大的国家财力。就在这时，徐工集团提出 4 000 吨履带起重机徐工 XGC88000 的研发任务，孙丽勇挑重担，一切只能从头摸索，实在没有思路了，就转变思路跳出本行业去研究桥梁和建筑，渐渐摸索研究方向。她带领研究团队对每个部件都反复讨论和优化，单重配方案做了 7 种，臂架形式超过了 10 种，功夫不负有心人，终于攻克难题，突破国际上尚未突破的技术瓶颈，徐工 XGC88000 履带起重机"世界第一吊"成功问世，创下 3 项国际首创技术及 6 项国际领先技术，拥有 80 多项国家专利。

资料来源：致敬，新时代的劳动者. 人民网，2018 - 05 - 03.

分析

个子小巧，话语轻柔，眼神坚定，但她的胸中却藏着一个巨大的梦想："一定要让中国的起重机站上世界之巅。"这就是大家对世界第一吊的总设计师孙丽的评价。"世界第一吊"的诞生打破了国外企业在超大吨位起重机行业的多年垄断，使我国吊装设备技术水平居世界领先地位，提升了中国制造的国际形象。

新时代工匠
精神的内涵

案例 3 - 3　　　　　　　　港珠澳大桥总设计师——林鸣

中国的基建成就世界瞩目，其中有国人引以为豪的港珠澳大桥。林鸣作为中国交建总工程师临危受命，率领数千建设大军奔赴伶仃洋，勇挑这一集桥、岛、隧于一体的世界级交通集群工程。这项超级工程中 6.7 千米长的海底隧道是整个工程的关键节点，当时，这类岛隧工程对于中国大部分工程师来说是一个全新的领域。

港珠澳大桥海底隧道工程综合难度世界第一，而该项目建设经验资料仅限于一张 3 年前在网上公开发表的沉管隧道产品宣传单页，同时施工核心技术掌握在几家外国公司手里。林鸣和他的团队没有退缩，开始了充满艰难与曲折的研究过程，历经无数次天马行空的头脑风暴与脚踏实地的研究，无数次经过几百道工序的"走钢丝工程"施工。每次沉管安装，团队要从桂山岛预制工厂把重达 8 万吨的"大家伙"运到施工地点精准沉放，并与前面的沉管精准对接，每一道工序都要做到零质量隐患。林鸣和他的团队成功做到了！世界上考量沉降幅度是海底沉管隧道稳定性的重要指标，世界同类工程沉降一般在 15 至 25 厘米，而林鸣和他的团队整体沉降不超过 5 厘米，这是一个纪录，也是一个中国奇迹。

资料来源：致敬，新时代的劳动者. 人民网，2018 - 05 - 03.

分析

自 2009 年港珠澳大桥开始动工，到 2018 年建成通车，林鸣在桥上度过了 7 个春节，经历了无数个日日夜夜，克服了无数艰难险阻，青丝变白发，林鸣用"临危受命、永不停歇"的大国工匠精神肩负起重担，用成功战胜了外界的质疑。

案例 3 - 4　　　　　　　　精于钢板上飞针走线的冯世毅

1992 年，冯世毅成为哈尔滨第一机械集团车辆事业部车体分厂的一名电焊工。他始终有一种精神：干一行、爱一行、精一行，面对"国之利器，每道工序，都来不得丝毫的马虎"。他苦钻研出"六字诀"：手稳、心静、眼准。不服输的他，刻苦训练基本功：一是平端板凳扎马步；二是手拿铁丝练准头。冯世毅勤奋钻研创新，研制在水面上运输车辆的自行履带式舟桥车，甲板最薄处仅为1.5毫米，他必须攻克薄板焊接变形这一世界性难题。冯世毅带领大伙迎难而上，夜以继日，经过无数次的尝试，终于攻克难关，技术国内领先。他在实践中干、在理论中悟。冯世毅先后多次完成国家级科研项目、国庆阅兵项目、国家专项项目等生产试制任务，发表了多篇理论文章，成功申请多项国家专利。他用焊枪在钢板上"飞针走线"，练就高强度特种材料的单面焊双面成型、高强度薄板焊接变形矫正等"绝活"，成长为中国兵器焊接大工匠。

面对"中国兵器关键技能带头人""黑龙江省劳动模范""全国技术能手"等接踵而来的荣誉，冯世毅依然不忘初心："我只是一名普通的电焊工，干好活是我的本分。"

资料来源：致敬，新时代的劳动者. 人民网，2018-05-01.

分析

冯世毅虽然只是一名普通的电焊工，却有大国工匠的执着，干一行、爱一行、精一行。他通过自己的绝活，为我们年青一代树立了榜样。劳动不分贵贱高低，行行可以出状元，唯有努力才能实现自身价值，为祖国和社会做出自己的贡献。

精益求精，永追卓越 董玉红

案例 3-5　用新技术体现中国"智"造的董玉红

董玉红，1982年7月出生于山东省菏泽市，2009年研究生毕业于武汉理工大学材料学专业，江苏秀强玻璃工艺股份有限公司技术研发中心研发部部长，江苏省第十三届人大代表。董玉红硕士毕业后进入公司，全身心投入技术研发工作，在10多年的时间里，她所研发的薄膜太阳能光伏绒面导电玻璃，填补了国内空白，并达到国际领先水平，为企业在创业板上市做出了巨大的贡献，被企业授予特殊贡献奖。她研发出的AZO导电膜玻璃产品被列为2010年度江苏省科技创新与成果转化（重大科技成果转化）项目，获专项资金支持800万元，并于2010年通过省级新产品鉴定。她与科研人员共同研发的大尺寸截止蓝光和防眩光/减反射双功能玻璃，用在液晶显示屏的封装保护玻璃，能使显示屏图像更清晰，色彩更鲜艳，更重要的是能让亿万学生在长时间使用手机、电脑、平板、电子白板的同时，最大限度地保护眼睛，缓解疲劳，防止近视。该产品已经得到国际SGS认证并填补了国内空白。由于表现突出，先后获江苏省"五一劳动奖章"、江苏省好青年、江苏省劳动模范、全国劳动模范等荣誉称号。

资料来源：全国劳模董玉红：十年科研路，匠心镌刻荣光. 江苏文明网，2020-11-30.

分析

10年间，董玉红从普通研发员到研发部主管、高级工程师，连续逐一攻克难题。

她认准的事不达目的誓不罢休，始终坚信只有研发才是实现自身价值的最好方式，只有实验室才是自己最喜欢的地方，通过努力践行了新时代工匠精神。

以上列举的是中国工匠的部分代表，在他们身上，我们感受到了工匠的风采和魅力，也真正认识了技能人才对实现伟大复兴中国梦的作用及价值，他们是全社会学习的榜样。中国需要一大批爱岗敬业、精益求精的国之工匠，更需要每一个国之工匠身上的工匠精神。我们要以工匠精神引领前进方向，在全社会牢固树立起尊重劳动、尊重创造的鲜明导向，大力弘扬劳动光荣、创造伟大的社会风尚，让劳动最崇高、劳动最伟大、劳动最美丽蔚然成风，让工匠精神不仅成就最美劳动者，更成为引领时代风尚的风向标。

 课后研讨与实践 ////////////////////////////////

1. 谈谈新时代工匠精神传承和培育的重要意义。
2. 请列举你崇拜的三位当代工匠精神代表并分享给同学们。

第 4 章

"用劳动追求美好生活"的农民精神

▶ **知识目标:** 了解农民精神的缘起和发展;掌握农民精神的内涵与时代价值;认识农民精神在乡村振兴战略中的作用和意义。

▶ **能力目标:** 培养学生尊重农民精神,促进学生养成诚实劳动、辛勤劳动、智慧劳动的实践能力。

▶ **价值目标:** 树立学生的爱国情怀,帮助学生增强对农民精神的情感认同,引领学生积极投身乡村振兴的伟大社会实践活动。

知识脉络图

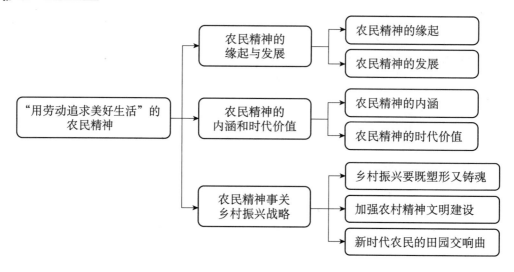

4.1 农民精神的缘起与发展

4.1.1 农民精神的缘起

农，天下之大业也。我国是农业大国，孕育着灿烂厚重的农耕文明，中国农民身上蕴藏着无比丰厚而又源远流长的首创精神。中国农民群体大、分布广，在漫长的农业社会的实践活动中，逐渐形成了勤劳、吃苦、热情的显著特征。

我国拥有五千多年的历史，在一代又一代农民先辈们的实践与熏陶下，形成了今天令人赞不绝口的农民精神。从整体上看，中国农民很淳朴，讲规矩，勤劳、勇敢、善良、热情等优良品质深深地印刻在人们心中。在五千多年的发展中，中华民族形成了以爱国主义为核心，团结统一、爱好和平、勤劳勇敢、自强不息的伟大民族精神。中华民族精神是中华民族在漫长的社会历史发展过程中逐步形成的。

4.1.2 农民精神的发展

源远流长、博大精深的中华民族精神在不同时期呈现出当时的时代特征。农民精神是悠久的中华文明历史精华在当代的凝聚和沉淀，是艰苦卓绝的革命斗争历史精华在当代的凝聚和沉淀，也是新时代新实践精华在当代的凝聚和沉淀。

中国农民精神的形成与发展是与中国农民所处的社会环境等基础性因素紧密联系在一起的。在社会漫长的发展过程中，中国农民形成了区别于其他精神共同体的特性。

随着党和国家各项惠农支农政策、措施陆续出台，农民的经济、政治、社会地位不断提高。广大农民身上散发出了新时代的农民精神，折射着中国农民身上以爱国主义为核心的拼搏向上的精神品质。

第一，热爱祖国，敢闯敢试。广大农民勤劳淳朴，拥护党的领导，热爱社会主义事业，信赖和支持国家和党的政策，对改革开放充满信心，追求高质量的美好生活。在社会主义新时代，他们更新观念，在农村的沃土上大胆尝试。他们发扬敢闯敢试的精神，发奋图强、不等不靠，闯出了一片属于自己的新天地。他们顺应时代潮流，正是以改革创新为核心的时代精神的生动体现。

第二，勤劳协作，自强不息。走出农村的城市务工人员为了心中的梦想，敢于吃苦、乐于吃苦，为城市繁荣做出了巨大贡献。经过多年的摸爬滚打，他们在学习知识、掌握技能后，自强不息，充实了自己。

第三，吃苦耐劳，爱岗敬业。他们秉持干一行、爱一行，学一行、精一行的理念，扎根中国的大地，虚心求教，充实知识，创新农业技能。凭借着对土地的热爱和执着，改进生产方式，转变过去粗放式的经营土地的做法，采取集约式的经营方式，最大限度地开展机械化作业，为做大做强中国的农业生产贡献力量。

第四，崇仁厚德，回报桑梓。共同富裕是社会主义的本质要求，是中国式现代化的重要特征。在外艰苦创业的农民都具有高尚的道德情操，他们致富不忘家乡，返乡回报桑梓。这种朴素的情怀彰显了农民崇高的精神境界。他们用学习到的先进理念带动村民学习进步，用多年积累的资金回乡捐资助学、修桥铺路，用学来的技术回乡创办企业，点燃村民共同致富的新希望。他们为新时代乡村振兴贡献自己的力量。

新时代形成了以伟大的脱贫攻坚精神为核心的农民共同体。我国脱贫攻坚取得了全面胜利，锻造形成了"上下同心、尽锐出战、精准务实、开拓创新、攻坚克难、不负人民"的伟大脱贫攻坚精神。2021年2月25日，习近平总书记在全国脱贫攻坚总结表彰大会上强调："全党全国全社会都要大力弘扬脱贫攻坚精神，团结一心，英勇奋斗，坚决战胜前进道路上的一切困难和风险，不断夺取坚持和发展中国特色社会主义新的更大的胜利！"新时代的农民以爱祖国、知农业、懂知识、善经营为特点，立足于农业和农村的实际，以加快推进乡村振兴为己任，为农业农村的现代化努力奋斗。

随着中国城镇化建设的持续推进，农民这个群体的人数比例在逐渐减少，但他们身上所具备的爱国情怀和高贵品格是中国发展的宝贵精神财富。农民精神是富有时代气质的中国精神，是社会主义核心价值观在农业领域的突出体现，是中华民族的传统精神，是指引社会前进的重要精神力量。

课后研讨与实践 ////////////////////////////////

研讨在农民精神的发展中最重要的品质是什么。

4.2 农民精神的内涵和时代价值

4.2.1 农民精神的内涵

农民精神具有一系列的时代内涵。热爱祖国、敢闯敢试，勤劳协作、自强不息，吃苦耐劳、爱岗敬业，崇仁厚德、回报桑梓，都是农民精神内涵的具体体现。新时代，突出表现为"诚实劳动、辛勤劳动和智慧劳动"。

农民精神的内涵

1. 用诚实劳动建设美丽乡村的主人翁精神

劳动是个人安身立命的根本，是民族生生不息的根基，即使在智能时代也不例外。劳动教育作为中国特色社会主义教育制度的重要内容，直接决定着社会主义建设者和接班人的劳动精神面貌、劳动价值取向和劳动技能水平。在教育的过程中，知识的获取固然重要，但是农民这种兼顾学习与实践的教育方式则是建设美丽乡村不可或缺的。在建设美丽乡村的过程中，广大农民群众要充分发挥主人翁精神。

随着社会的发展，农村发生了翻天覆地的变化。但是，一些陈规陋俗却依然存在，与农民的内在时代需求形成矛盾，甚至阻碍农村文明的推进，要改变这种现状，就必须用文明之风滋养美丽乡村，关键是要"诚实劳动"。

"诚实劳动"是指在各种法规、各项政策允许的范围内所从事的各种有益于社会发展的体力和脑力劳动。它具体表现为：每一个有劳动能力的人都应该把劳动看作自己应尽的职责和神圣的义务，尽己所能地从事劳动；在劳动中发扬首创精神，不墨守成规，不满足于现状，善于吸收各时代、各民族、各国的好东西，在前人、他人成果的基础上努力学习，掌握最新的科学技术，使用最先进的科技设备。由此可见，"诚实劳动"是以合法劳动为基础的辛勤劳动、智慧型劳动。它既是劳动者品质的体现，又是创造美好生活的必由之路。

用诚实劳动建设美丽乡村的主人翁精神，要体现创造性的思想劳动，这就要求我们必须研究农民的思想，发现农民的情怀，运用农民的思维，创造性地把新风新俗渗透到农民的脑子里，进而落实到实际行动中去。

劳动是一切幸福的源泉，在新时代，发挥诚实劳动建设美丽乡村的主人翁精神，要求广大党员以更大的劳动热情和创造活力带领农民群众投身美丽乡村的建设，用诚实劳动展示农民的高尚素养，助推农业的现代化建设，书写乡村建设的伟大篇章。

2. 用辛勤劳动走向乡村富裕的吃苦精神

民生在勤，勤则不匮。历史长河中，中华民族勤于劳动、勇于奋斗，创造出灿烂的文明，历经沧桑而生生不息。回望百年，在中国共产党领导下，广大劳动者辛勤劳作、艰苦奋斗，谱写出"换了人间"的壮丽史诗。

民族要复兴，乡村必振兴。脱贫攻坚取得胜利后，要全面推进乡村振兴，这是"三农"工作重心的历史性转移。全面实施乡村振兴战略的深度、广度、难度都不亚于脱贫攻坚，需要更多的党员干部大力发扬孺子牛、拓荒牛、老黄牛精神，不用扬鞭自奋蹄，以不怕苦、能吃苦的牛劲牛力，为乡村富裕赋能。

在中华文化里，牛是勤劳、奉献、奋进、力量的象征。人们把为民服务、无私奉献比喻为孺子牛，把创新发展、攻坚克难比喻为拓荒牛，把艰苦奋斗、吃苦耐劳比喻为老黄牛。"三牛精神"蕴藏着脱贫攻坚的密码，激荡着乡村振兴的能量。实施乡村建设行动，党员干部要甘当孺子牛，厚植为民服务情怀。为此，广大党员干部要用辛勤劳动带动全体农民走向乡村富裕的康庄大道。

农民是引领乡村富裕的真正主人，也是改变农村面貌的第一主体。幸福不会从天降，美好生活要靠劳动创造，好日子是努力奋斗出来的。走向乡村富裕的小康之路，终究要广大的农民用自己的辛勤劳动来实现。要发挥广大基层干部群众的首创精神，让他们的心热起来、行动起来，引导他们牢固树立"自力更生、艰苦创业"的信念，靠自己的辛勤劳动走上乡村富裕之路。

劳动开创未来，奋斗成就梦想。如今，在古老的神州大地上，梦想与希望扬帆启航，正向着第二个百年奋斗目标迈进。广大劳动者必将继续发扬伟大的劳动精神，使出"一个汗珠摔八瓣"的干劲，以奋斗为笔、用汗水作墨，挥毫绘就乡村富裕新画卷。

3. 用智慧劳动赢得乡村振兴的开创精神

全面推进乡村振兴，是党的二十大做出的重大决策部署，是决胜全面建成小康社会、全面建设社会主义现代化国家的重大历史任务，是新时代"三农"工作总抓手。坚持把解决好"三农"问题作为全党工作重中之重，坚持农业农村优先发展，按照产业兴旺、生态宜居、乡风文明、治理有效、生活富裕的总要求，建立健全城乡融合发展体制机制和政策体系，统筹推进农村经济建设、政治建设、文化建设、社会建设、生态文明建设和党的建设，加快推进乡村治理体系和治理能力现代化，加快推进农业农村现代化，走中国特色社会主义乡村振兴道路，让农业成为有奔头的产业，让农民成为有吸引力的职业，让农村成为安居乐业的美丽家园。

产业兴旺是乡村振兴的重点，而发展现代农业是产业兴旺最重要的内容。实施乡村振兴战略，首要任务是提升农业发展质量，培育乡村发展新动能。要坚持质量兴农、绿色兴农、品牌强农，深入推进农业供给侧结构性改革。

城乡融合发展是乡村振兴的必由之路。要加快推进城乡产业发展、基础设施、公共服务、生态环保、文化传承、体制机制等方面的一体化进程。推动生产要素"上山下乡"，推动城镇基础设施向农村延伸，推动城乡基本公共服务均等化，推进生产生活生态融合，促进农村一二三产业融合，挖掘农业的生态生活功能，建立完善新型城镇化政策体系，以一体化发展为目标，加快城乡融合步伐。

人才是乡村振兴的关键。乡村振兴要创新人才培育引进机制，加快培育乡村人才队伍，要着力提高农村劳动力素质和就业能力，要建立社会各界投身乡村建设的激励机制，引导各类人才投身乡村振兴。要大规模开展乡村干部培训，让乡村干部真正成为乡村振兴的行家里手和乡村治理的中坚力量。

新战略开启新征程。乡村振兴既是一场攻坚战，更是一场持久战。我们要进一步增强责任感、使命感和紧迫感，开拓创新，真抓实干，奋力开创乡村振兴新局面，用智慧劳动赢得乡村振兴的开创精神。

4.2.2 农民精神的时代价值

农民精神是一种宝贵的精神财富。中华民族在漫长的人类社会发展过程中，在认识自然和改造自然的过程中，形成了热爱祖国、勤劳协作、吃苦耐劳、崇仁厚德的农民精神。这种精神在中国农业的发展进程中代代相传，是中华民族自强不息精神的生动反映。中国进入新时代，大力弘扬农民精神将会为中华民族伟大复兴注入源源不断的精神动力。

1. 弘扬农民精神是全面推进乡村振兴工作的精神动力

全面推进乡村振兴是新时代"三农"工作的总抓手。习近平总书记在 2020 年底召开的中央农村工作会议上指出："脱贫攻坚取得胜利后，要全面推进乡村振兴，这是'三农'工作重心的历史性转移。"《中共中央 国务院关于学习运用"千村示范、万村整治"工程经验 有力有效推进乡村全面振兴的意见》指出："推进中国式现代化，必须坚持不懈夯实农业基础，推进乡村全面振兴。"

弘扬农民精神，全面推进乡村振兴工作，一是要引导农民做好粮食生产和重要农产品供给工作，坚持中国人民的饭碗始终要牢牢端在自己的手上，饭碗里主要装中国粮，确保舌尖上的安全；二是要多措并举强化现代农业基础支撑，严格落实 18 亿亩耕地红线保护的硬措施，扎实开展高标准农田建设，组织农业关键核心技术攻关，提高耕地的质量，防范农业重大灾害；三是要守住农村不发生规模性返贫的底线，持续巩固脱贫攻坚战略成果，完善监测帮扶责任落实，出台帮扶政策，有效推进脱贫人口持续增收；四是要聚焦产业促进乡村发展，用好政策的支撑作用，持续推进农村工业、农业、服务产业融合发展，加强县域富民产业和商业体系建设，引导农民就近就地就业，促进农村生态振兴；五是要扎实推进乡村建设，全面推进以县城为载体的城镇化建设，开展数字乡村建设和重点领域的农村基础设施建设，加强农村信息基础设施建设，逐步实现乡村政治、经济、社会、文化、生态协同发展，绿色发展，实现乡村高质量振兴。

2. 弘扬农民精神是培育和践行社会主义核心价值观的精神支撑

党的二十大报告提出了广泛践行社会主义核心价值观。社会主义核心价值观倡导的富强、民主、文明、和谐，自由、平等、公正、法治，爱国、敬业、诚信、友善，明确了国家、社会、公民三个层面的价值目标、价值取向、价值准则，是社会主义核心价值体系的凝练表达。

农民精神的孕育过程就是中华儿女在"三农"工作的具体实践中践行社会主义核心价值观的生动写照，两者在思想内涵、价值引领、实践指导等方面具有共同性。弘扬农民精神能够更好地印证社会主义核心价值观的普适性，引导大家自觉履行社会义务，培养出坚定的中国特色社会主义的建设者。在发展中国特色社会主义的伟大征程中，应充分发挥农民精神等精神动力的作用，借助生动的农业社会实践加以阐释，引导人民群众深刻认识社会主义核心价值观的深刻内涵和时代价值，正确处理国家、集体和个人三者之间的关系，坚持以国家利益为重，将小我融入国家建设的大我中去，努力锤炼过硬本领，用勤劳和智慧助力中国特色社会主义的伟大实践。

课后研讨与实践 ///////////////////////////////

1. 谈一谈农民精神的内涵。

2. 你认为农民精神的时代价值在大学生的学习生活中有何借鉴之处？

4.3 农民精神事关乡村振兴战略

4.3.1 乡村振兴要既塑形又铸魂

文化振兴是乡村振兴的重要组成部分，是乡村持续发展的内生动力。乡村文化振兴，振兴的是乡风，服务的是农民。实现文化振兴是为了农民，振兴成果由农民共享。在新时代，塑造文明、和谐的乡村文化成为农村发展的新途径，能为促进物质文明的振兴创造有利的条件。所以，在乡村振兴的实施中必须以农民的精神文化建设为重点，弘扬中华民族传统美德，践行社会主义核心价值观，充分发动农民的聪明才智，实现以文化人。

农民精神事关
乡村振兴重大
战略

灿烂辉煌的农耕文明为我国农村留下了宝贵的历史文化资源：延续成百上千年的古村落、让世人惊叹的传统手工艺、农业生产劳动中形成的传统民俗活动等。这些文化资源延续了中华的历史，也塑造了乡村的特色。文化不能成为束之高阁的物品，让人可望而不可即，而应该加以创新性的激活和利用，大力发展文化产业，让文化的发展更具有生机和活力。

发展乡村产业是促进乡村振兴的根本所在。实现产业兴、百姓美，要充分发挥农民的主体作用，正所谓"人才兴则乡村兴，人气旺则乡村旺"。引导返乡下乡人员和社会资本积极参与乡村产业发展，不断为乡村振兴发展注入新鲜血液。充分激发乡村人才的创新精神和创造能力，立足当地的发展布局，因地制宜，因时制宜，全面推进乡村振兴并不断取得新成效。

生态振兴是乡村振兴的重要支撑点。党员干部要发挥模范带头作用，提高村民生态保护意识，改变村民的落后观念，倡导绿色发展之路，提高乡村社会文明程度，焕发乡村文明新气象，这样才能续写更多"春天的故事"。

乡村振兴的号角已经吹响，基层干部应矢志不渝、砥砺前行，激发农村发展活力、推动农村面貌变化、提升农村文明程度，实现乡村振兴与脱贫攻坚有效衔接，为中华民族伟大复兴的中国梦保驾护航。

4.3.2 加强农村精神文明建设

加强农村精神文明建设是全面推进乡村振兴的重要内容。为此，广大党员要充分发挥先锋模范作用，聚焦群众需求，弘扬先进文化，为农村精神文明建设贡献力量。

精神文明建设在农村文明中占据重要位置。加大农村思想道德建设力度，通过丰富多彩的宣传教育提升农民思想道德素质和农村社会文明程度。深化文明引领，开展道德模范、创业能手、身边好人等学习实践活动，更好地成风化俗，为乡风文明注入灵魂。深化文明村创建，推动完善村规民约、行为规范、乡村道德评议会和红白理事会，开展文明家庭和好人评选，凝聚精神力量，提振农民精气神。

倡导健康文化生活，推动优秀传统文化创造性转化、创新性发展，弘扬先进文化，丰富精神生活，引领农村文化新时尚。以群众喜闻乐见的形式实施文化惠民工程和开展文化下乡等活动，把农耕民俗等农村传统文化融入新时代文明实践中，营造向上向善的良好氛围。利用重大传统节日等，开展各种主题文化活动，推动形成文明村风、淳朴民风。

中华民族历来注重家庭、家教和家风。近年来，我们把家风建设摆在社会主义核心价值观建设的重要位置，推动文明家庭建设。要广泛开展弘扬家风活动，讲好家风故事，传播治家格言，以良好的家风带动乡风民风。深入开展寻找"最美家庭"活动，开展好媳妇、好公婆评选活动，激发农民荣誉感、上进心，引导农民群众向上向善。

良好的生态环境和村容村貌既直观反映农村文明程度，也是美丽乡村的外在表现。建设美丽乡村要从改善农村环境抓起，不断激发农民群众投身美丽乡村建设的热情。加强生态文明宣传教育，增强群众节约资源和保护环境的意识，形成人人崇尚生态文明的社会新风。要将环境治理落实到美丽乡村建设的全过程，多措并举、多管齐下，使青山常在、绿水长流、空气常新，让农民群众在良好生态环境中生产生活，为农村精神文明建设提供坚实的物质基础。

农村要发展，就要推动农村精神文明建设落地，全面提升农民文明素质和农村社会文明程度，提升农村"内在美"，让农民群众的笑意写在脸上、幸福发自内心，有更多获得感。

4.3.3 新时代农民的田园交响曲

2018 年 9 月 23 日，时值秋分，经党中央批准和国务院批复，将每年的秋分日设立为"中国农民丰收节"。这是专门为亿万农民在国家层面设立的一个法定节日，丰收节的设立在中国几千年的农耕文明史上具有划时代的里程碑意义，是一个值得载入史册的日子。

习近平总书记指出："设立中国农民丰收节，是党中央研究决定的，进一步彰显了'三农'工作重中之重的基础地位，是一件影响深远的大事。""三农"工作一直在党和国家工作全局中处于重中之重的地位。

中国农民丰收节的设立是提升中国民族精神的价值认同、歌颂亿万农民的卓著贡献、汇聚乡村振兴的磅礴伟力的宣言书，必将引领广大农民在新时代农民的田园上奏响最悠扬的交响曲。

📖 案例 4-1　　　　奋斗在脱贫攻坚一线、身残志坚的守望者

杨进宝，河南省西峡县双龙镇莎草沟村人，扶贫信息员。他先天性手指残缺，肢体三级残疾，他放弃了城市工作，是一名奋斗在脱贫攻坚一线、身残志坚的守望者。

面对肢体的残疾，他没有自暴自弃，执着于自立自强，养成了不服输的性格。从学习日常的生活技能做起，练就一身自立生活的本领。高中毕业后，杨进宝从事过个体经营，当过企业工人、广告设计师、代课教师、销售经理等，他利用业余时间自学计算机课程，考取了专科毕业证。

2020年4月，杨进宝陆续接到本村党支部书记和治安主任的电话，邀请其回村当扶贫信息员，协助开展扶贫工作，助力脱贫攻坚事业。面对在外打工相对优越的待遇和本村贫困群众的脱贫期盼，在思索后，他最终选择了后者。莎草沟村地理位置远离中心城市，产业基础薄弱，全村有30余户建档立卡贫困户。返回家乡后，针对本村产业和技术匮乏、资金和劳动力不足的状况，他快速进入状态，学习掌握各类扶贫政策，白天逐户走访调研、宣讲扶贫政策，夜晚整理各类信息，完善档案材料，勤勉工作，任劳任怨。他用自己的实际行动鼓励贫困群众坚定信心，努力致富。

在做好本村扶贫工作的同时，他还积极发展生产，身体力行，带头参加双龙镇百菌园的产业托管，帮助该村脱贫户王庆安种香菇，顺利脱贫摘帽。2021年底，莎草沟村如期脱贫，该村的扶贫工作成绩一直在全镇名列前茅。

资料来源：刘剑飞．杨进宝：脱贫户的扶贫故事．（2022-02-08）[2023-06-07]．http：//www.farmer.com.cn/2022/02/08/wap_99887897.html.

分析

杨进宝尽管身有残疾，但品格高尚，心里装着家乡和本村的贫困乡亲，是一名坚守在脱贫攻坚一线的守望者。他的事迹平凡而感人，其自立自强的不服输性格，展现了为乡村振兴和群众富裕"舍小我成就大局"的个人胸怀，值得我们去学习。

📖 案例 4-2　　　　非物质文化遗产的传承人

孔曾科，河北省邢台市隆尧县隆尧镇东柏舍村人。东柏舍村以种植小麦和玉米为主要的经济来源，历史悠久的手工空心面就出自该村。数百年间，这个村各家各户都会做空心挂面，现如今只剩孔曾科一家在传承延续这门做空心挂面的老手艺。

空心成面有诀窍,一道工序不能少。他做的空心挂面配料简单,只需面粉、水、再加入少许盐。但想要让挂面成为空心面需要较为复杂的制作工序,包括配盐、揉面、擀面、开条、盘条、上筷、醒面、拉伸、晾晒等环节,制作过程持续 20 多个小时,每一个细小的步骤都马虎不得。其间,面条会经过多次发酵,发酵时间必须掌握好,这是挂面"空心"的关键。空心挂面之所以"空心",是因为挂面在自然风干的过程中,随着水分的散发,面瓤会逐渐向面的表皮靠拢,自然成孔而形成。

专注传承老手艺,夫妻默契成搭档。孔曾科从小就看着父母做挂面,耳濡目染中,不仅掌握了这门手艺养家餬口,也成为他熟悉而亲切的一种精神寄托。

2020 年,孔家手工空心面传统技艺被列入隆尧县第五批非物质文化遗产项目,他们觉得很骄傲,立志一定要把老手艺传承下去,不能让祖辈留下的手艺失传。

资料来源:郭红玉,潘志方,成梅.河北农民孔曾科:坚守空心挂面老手艺.(2021-12-30)[2023-07-06].http://www.farmer.com.cn/2021/12/30/wap_99885665.html.

分析

新时代的农村田园交响曲既要有乡村振兴的产业发展和经济富裕,更要有老祖宗留下来的这种舌尖非遗的技艺传承。孔曾科守住这项空心挂面的传统技艺非常不易,真正做出一碗美味的空心面,除时间之外,还需要一种感情上的默契。

案例 4-3　　种粮大户成了全国先进

郭玉姣,内蒙古自治区赤峰市巴林左旗花加嘎乡上三七地村人。因生活所迫,他初中毕业后就去大连打工,五年间从菜市场送菜、开出租车到经营饺子馆,春夏秋冬,起早贪黑地工作。

2008 年初,郭玉姣放心不下年迈的父母和年幼的孩子,决定回到家乡上三七地村。该村很多村民因种粮收入较低,选择进城务工,留守在家种地的大多数老人都是以粗放经营的方式种地,经济收入少。他尝试承包土地采取规模种植提高收入,承包了 360 亩旱坡地,与村民签订了 5 年的土地流转合同,但因干旱少雨,粮食大幅度减产,当年他不但没有赚钱,还赔了几万元。

2009 年,巴林左旗推广滴灌技术,郭玉姣看到了希望。在乡党委、政府的扶持下,他承包的 360 亩旱坡地全部采用滴灌技术灌溉。当年秋季,郭玉姣喜获丰收,承包的旱坡地单产达到 500 公斤,他净赚十几万元。为了降低生产成本,他先后利用农机具购置补贴资金的政策购置了大型农用拖拉机、玉米脱粒机、联合收割机等农机具,实现机械化作业,承包地扩大到 3 600 亩,纯收入能达到六七十万元,改变了该村耕地粗放经营的局面。郭玉姣还牵头组建了巴林左旗益兴种养殖专业合作社,招募村民到合作社打工,村民每年收入 6 万多元,以实际行动助力村民实现小康。

2021年，郭玉姣承包的3 600亩地粮食、油料总产量达到2 000多吨。2021年12月，他被农业农村部评为"2021年度全国粮食生产先进个人"。

资料来源：佚名. 郭玉姣：种粮大户"种成"了全国先进.（2021 - 12 - 15）[2023 - 06 - 20]. http：//www. farmer. com. cn/2021/12/15/wap _ 99884317. html.

分析

郭玉姣心系家人和家乡，充分利用国家有关土地流转政策，结合当地实际采取集约化的土地经营方式，辅以先进的灌溉技术，实现农业机械化作业，走出了一条实现小康的富裕之路。致富后，不忘本，他牵头组建合作社，以实际行动助力村民实现小康。他身上所折射出的农民精神值得我们学习。

案例4 - 4　　　　　　　　　**念好种粮经　助力拔穷根**

徐淙祥，安徽省太和县人。现任第十四届全国人大代表、太和县国家农业科技创新基地党支部书记、太和县淙祥现代农业种植专业合作社理事长、太和县种粮大户协会会长。荣获"全国劳动模范""全国十佳农民""全国种粮标兵""全国科技兴村带头人""感动中国2022年度人物"等荣誉称号。

20世纪70年代，徐淙祥高中毕业后，回到家乡阜阳市太和县旧县镇张槐村力耕务农，先后担任村生产队队长、村团支部书记、村党支部书记、村委会主任、乡农技站站长。当时，小麦亩产三四百斤，大豆亩产不足百斤，大家没有种植技术，农作物品质差、不高产，农业没前景。他潜心钻研农业科学技术，摸索探讨适应黄淮地区生态优质高产、节本增收的新品种及其配套丰产技术，一旦运用上，就坚持不懈地四处求教、细心记录、认真比较，力求推进品种改良，改变村里粮食产量低、品质差的状况。

2000年以来，徐淙祥绿色种植的1 230亩现代农业示范田，高产田块经国家科技专家组和省农业专家实产验收，优质小麦最高亩产超750公斤，夏玉米最高亩产超吨粮，夏大豆最高亩产超300公斤，被誉为安徽省"麦王""玉米、大豆状元"。领衔研制的"太丰6号"大豆新品种获安徽省品种审定证书并在全省推广应用，小麦、玉米绿色高产种植技术分别获国家发明专利；现代农业示范田入选全国100个"国家农业科技创新与集成示范基地"。

2022年6月27日，习近平总书记给安徽省太和县的种粮大户徐淙祥回信，向当地的乡亲们表示问候，对全国的种粮大户提出殷切期望。

资料来源：王萍. 徐淙祥：念好种粮经　助力拔穷根.（2022 - 07 - 03）[2023 - 06 - 22]. http：// www. npc. gov. cn/npc/c2/c30834/202101/t20210105 _ 309599. html.

分析

徐淙祥热爱农业工作，潜心钻研农业科学技术，积极应用现代农业科技，带动广大小农户多种粮、种好粮,帮助群众脱贫致富,积极响应让中国人的饭碗牢牢端在自己手中的国家号召,取得了很好的业绩,确保了国家粮食生产安全。

 课后研讨与实践 /////////////////////////////////

如何正确认识农民精神在新时代乡村振兴战略中的重大意义?

第 5 章

"救死扶伤"的医护精神

▶ **知识目标**：了解医护精神的内涵和时代价值；掌握新时代医护精神的内容和意义，了解影响医德建设的原因；了解新时代医护精神的现实意义、实践路径和生动案例。

▶ **能力目标**：注重培养广大学生良好的职业劳动道德意识、劳动生活习惯、创新劳动精神，提高专业理论上的分析思维能力。

▶ **价值目标**：牢固认识树立"劳动最光荣、劳动最崇高、劳动最伟大、劳动最美丽"的正确劳动观，理解新时代医护精神对建设健康和谐社会的重要性和积极意义，促进广大学生初步树立正确的世界观、人生观和价值观。

知识脉络图

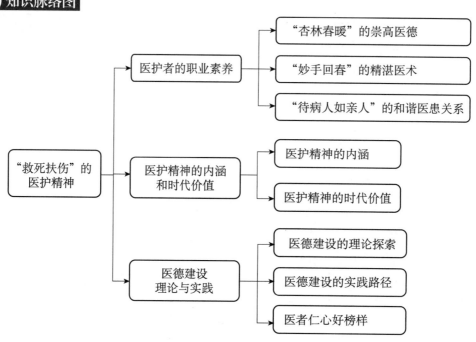

5.1 医护者的职业素养

医护工作者的职业素养是指与医护职业要求、工作标准匹配的道德素质、技术能力、人文修养等的综合。医护工作者不仅要扎实地掌握临床医疗技术,更重要的是要有救死扶伤的责任心和强烈的社会责任感,要有热情和蔼、一视同仁的工作态度和廉洁奉公、严谨细致的社会职业道德情操。只有这样,医护工作者才能够使自己真正成为德才兼备的优秀医学技术专业人才,担负起治病救人的光荣职业责任和历史使命。

5.1.1 "杏林春暖"的崇高医德

医德准则是基本职业道德的一种,是医护人员职业道德在我国医疗卫生工作领域实践中的表现,是对我国医护人员基本职业道德的最高要求,是不断调整我国医护人员与患者之间、医护人员之间人际关系的基本行为准则。

医疗卫生事业的发展进程是人类精神文明进步的重要标志之一,它包括医学科学建设和医学伦理思想建设两个方面,两者缺一不可。加强医德医风建设不仅是推进医疗卫生服务领域国家精神文明体系建设的重要组成部分,也是不断提高医院科学管理水平、改善服务态度、提高医护质量必须抓好的关键一环。古今中外许多著名医学家以精湛的医学专业知识和高尚的职业精神博得广大基层医护人员和国内外的广泛赞誉。作为基层医护人员,在充分认识提高自身专业知识技术水平的重要意义的同时,必须切实加强医德医风建设。

实践表明,树立良好的医德医风对于不断促进医院和全体医护人员最大限度地提高医疗服务质量,为患者提供最大限度的医疗优质服务,起着重要的指导作用,对患者的生命健康产生着至关重要的影响。

医德规范是各类医护卫生服务职业工作者在从事各类医疗卫生服务、预防医疗保健、卫生服务等工作中应严格遵循的纪律道德品质和职业精神品质的总和。崇高的医德精神是对每一位合格医护工作者必然的职业道德要求,医护工作者必须自觉学习并严格执行医疗卫生职业道德规范,自觉加强职业道德修养。

1. 提高对医学道德基本原则的理解

作为医护工作者,要主动学习,不断提高现代医学职业基本伦理修养,用这些基本伦理原则指导自己的业务工作;同时,要主动提高对现代医疗卫生保健工作实践中一些伦理相关问题的敏感性,充分运用基本伦理原则加以分析和研究,解决伦理上的问题,把现代医疗卫生技术和现代医学中的伦理问题统一起来。

2. 熟知并认真履行国家卫生部制定的医学道德规范

1988 年 12 月 15 日，原卫生部发布《医务人员道德规范及实施办法》。文件提出，作为医务人员，一要救死扶伤，实行社会主义的人道主义，时刻为病人着想，千方百计为病人解除病痛。二要尊重病人的人格与权利，对待病人不分民族、性别、职业、地位、财产情况都应一视同仁。三要文明礼貌服务。举止端庄，语言文明，态度和蔼，同情、关心和体贴病人。四要廉洁奉公。自觉遵纪守法，不以医谋私。五要为病人保守医密，实行保护性医疗，不泄露病人隐私与秘密。六要互学互尊，团结协作。正确处理同行同事间的关系。七要严谨求实，奋发进取，钻研医术，精益求精，不断更新知识，提高技术水平。总之，熟知医学道德规范是前提，践行医学道德规范是根本，两者相辅相成，缺一不可。

3. 增强医德建设的自觉性和责任感

医护人员在长期从事现代医学教育科研工作过程中，应不断增强自身传统医德礼仪、医风职业建设的思想政治性与自觉性，增强社会主体责任感，积极主动地向古今中外现代医学界的各位圣贤名医学习，从中国现代化和中华民族优秀传统医学道德文化中汲取医学文化营养，树立良好的中国现代医学专业职业信念，养成优秀的中国现代医学教师职业学术道德行为、习惯和医德礼仪风尚。

4. 与时俱进促进医学科学的不断创新发展

医护人员应充分结合自己的学科专业，增强对本学科专业中可能出现的一些医学职业道德研究难题的认识敏感性，进而积极深入地分析和探索解决问题的具体办法，促进我国医学道德科学的不断创新与壮大。要坚持自觉学习医德理论知识，有的放矢、持之以恒地在工作实践中接受检验，从而达到知行合一的完美境界。

5.1.2 "妙手回春"的精湛医术

1. 精湛医术是医护人员的必备素养

医术是医德的基础，也就是说，医术才是这个主体最重要的基础。显而易见，医德必须建立在具备精湛医术的基础上。一个没有精湛医疗技术的人，即便是道德标兵，也不可能治好患者。

一名优秀的医务人员必须掌握扎实的专业基础知识和熟练的临床技能，医学博大精深，知识深邃，既有丰富的理论沉淀和经验积累，又有不断发展的新知识、新理论、新业务和新技术。现代医学学科齐全，技术力量积累厚重，但患者病情复杂多样，这就要求医务人员必须具备广博而扎实的基础理论知识，同时还要具备深厚的专业领域的理论知识，对患者的病情做出迅速而准确的判断。医务人员还要多参与临床技能的学习，在实践中尊重知识、尊重生命,在积累中使自己的医学技能得到提高,从而练就精湛医术。

2. 拥有精湛医术的方法

医学的高速推进发展和社会的发展对于优秀医护人员提出了更高的素质要求,不仅需要医护人员具有高度社会责任感和不断进取的敬业精神,更加需要医护人员能够精益求精,守正创新,刻苦钻研医学知识,密切关注国内外医学发展的最新动态,主动学习理论知识和医学技术,并取其精华应用于医疗卫生实践。医护人员要努力适应医学模式的转变,及时更新知识库、拓宽知识面,更好地为患者身心健康服务。

一个优秀的医护工作者要经历丰富的临床实践,获取宝贵的临床经验,在理论和实践紧密结合中练就过硬的技术本领。医学理论博大精深,疾病临床类型多种多样,患者实际病情复杂多变,这就必然要求医护人员在扎实掌握临床医学基础科学知识的同时加大临床实践。每一个优秀的医护工作者都要经历实习实践、总结经验、查询请教、实践检验的过程,如此往复,不断增加临床经验,提高医护能力。

一个优秀的医护工作者还要具有创新精神和创新能力。医学无时无刻不在向前发展,新知识、新理论、新方法、新技术层出不穷,稍有懈怠就会跟不上时代的脚步,只有具备与时俱进、持续学习的意识,才能勇攀医护技术的巅峰,也才能更好地为患者服务。国医大师吴咸中院士鼓励青年医师,打好文化科学基础、专业技术基础,只有拥有必备的相关科学知识,在宽广的基础知识上,形成扎实的专业知识及能力,才能形成创新能力。事实证明,优秀的医护人员都应当爱岗敬业,同时具备勇于开拓创新的奋斗精神和创新能力。

5.1.3 "待病人如亲人"的和谐医患关系

医患关系指在医学实践活动中产生的人际关系,有狭义和广义两方面。狭义的医患关系指医生与患者之间的关系。广义的医患关系指医务人员(包括医生、护士、医技人员、医疗行政和后勤人员等)与患者一方(包括患者本人、患者的亲属、监护人、单位组织等)之间的关系。从改善全面医患关系的角度,我们应重视广义的医患关系。

医患双方以"战胜病痛、早日康复"为共同目标,但要实现这一目标不仅要靠医生精湛的医术,也要靠患者战胜疾病的信心和积极配合。医患双方在抵御和治疗疾病的过程中都处于关键位置,患者康复的愿望要通过医方去实现,医方在诊疗疾病的过程中加深了对医学科学的理解和认识,提升了诊疗技能。医患双方是统一战线,要相互鼓励、相互信任、相互配合,共同战胜疾病。

医患关系主要有三种基本形式。

1. 主动与被动型

医方完全主动,患者完全被动,医方的权威性不受任何怀疑和干扰,患者完全相信和充分依赖医方，不会提出任何异议。

2. 共同参与型

医方和患者的主动性等同，共同参与医疗活动的决定与实施。虽然医方的意见受到患者尊重，但患者对此有任何疑问时可以主动寻求医方解释。医方的意见常常涉及患者的生活习惯、方式及人际关系调整，患者的主动配合、参与治疗显得尤为重要。

3. 关系紧张型

医方与患者之间在诊疗、护理等方面存在较大的预期差异，从而产生信任危机、关系失调，甚至发生恶性事件。

营造和谐的医患关系是医护工作者重要的职业素养。医疗活动中，医护工作者在与患者的交往中要真诚相待，待患者如亲人，多给予关怀与鼓励，多一些理解，多一些沟通，用自己过硬的医护技术为患者减轻病痛，直至其恢复健康。如此，多数医患矛盾是可以避免的。加强医患之间服务沟通，提高医患之间沟通技巧，可化解医患矛盾、减少医疗纠纷，对于构建和谐医患关系起着重要的作用。

 课后研讨与实践 ////////////////////////////

1. 试述医护工作者职业素养的基本内容。
2. 论述培养新时代医护工作者职业素养的深刻意义。

5.2 医护精神的内涵和时代价值

国务院办公厅《关于建立现代医院管理制度的指导意见》第二部分第十二条"加强医院文化建设"中，要求树立正确的办院理念，弘扬"敬佑生命、救死扶伤、甘于奉献、大爱无疆"的职业精神。这是党和国家对于医护人员职业服务精神基本内涵的法定形式表述，精准地反映出我国医疗健康管理行业的广大医护工作者全力以赴保障全国人民健康的神圣使命、崇高道德境界和特殊精神价值。

5.2.1 医护精神的内涵

1. "敬佑生命、救死扶伤"的人道主义精神

人道主义源于欧洲文艺复兴时期的一种思想体系，提倡关怀人、尊重人，以人为中心的世界观，主张人格平等、互相尊重。"人道主义精神"在医护职业上集中表现为医者仁心、敬佑生命、平等待人，尊重每一位患者的人权，以救死扶伤为己任，急病人之

所急,想病人之所想。

敬佑生命、救死扶伤既是医护工作者的基本道德底线,也应成为每一个医护工作者坚定的理想信仰和道德精神品质,因为医护工作者从事的职业是最高尚、最可贵的医学事业,背负着守护患者生命的重大责任。敬佑生命、救死扶伤,维护广大患者健康,不仅是我国医学的一大历史使命和重大社会责任,也是医学行业的一大本质特征,是大众认可的医学职业道德精神。

医护精神的内涵
和时代价值

敬佑生命、救死扶伤,就要把救治患者的生命看作最崇高的医疗职业道德责任、最光荣的医疗职业道德使命,把患者切身利益放于首位,尊重患者的个体差异,保持有效的医患沟通,在涉及患者生命和提高生活质量的每个关键时刻,给予最优的医学治疗和温暖的人文关怀。

敬佑生命、救死扶伤,就要在全力救助患者时切实做到以人为本,为维护患者健康权益提供全方位的健康管理服务,以人民群众基本生命健康权益保护为服务管理工作的中心,注重以疾病预防为主和健康有效性的促进。要以对患者生命的尊重和敬畏为主要前进动力去精进现代医疗技术,提高医疗技术操作本领;要以对患者及其家庭高度负责的服务态度和职业操守,勤勉爱岗、一丝不苟地浇筑起救助患者的坚实根基;要以精益求精、勇于创新、追求卓越的实干精神,不断推动现代医疗技术取得突破,为救助患者及其家庭带来生命健康的希望。即使在救助患者时面临信任危机、遭遇恶意误解甚至受到精神伤害的关键时刻,仍不能动摇医护工作者对生命和责任的敬畏。

广大医护工作者要忠于职守,热爱本职工作,坚持全心全意为广大人民群众健康服务,弘扬敬佑生命、救死扶伤的人道主义精神,不断为增进广大人民群众生命安全福祉和健康和谐生活水平做出更多积极贡献,努力开创我国卫生健康医疗事业发展的新局面。

2."责任重于泰山"的岗位意识和甘于奉献精神

医护工作者特殊的职业性质决定了其岗位责任犹如泰山般巍峨沉重,面对人的健康和生命,容不得丝毫马虎。而甘于奉献则是一种建立在强烈的岗位意识基础上的职业大爱,是一种把本职工作当作毕生事业的热爱,是对事业一往情深的倾心付出。岗位意识和奉献精神一个是基础,一个是升华,相互作用,相互影响。当今时代,越来越多的人目睹了医护工作者在重大突发疫情、重大突发灾难性事件来临时的紧张忙碌,越来越多的人看到了医护工作者一路狂奔冲向抢救室的身影。无论身处何时何地,当医院电话铃响起时,那些毫不犹豫地奔向岗位的身影为的就是给病床上的生命多抢回一分一秒。越来越多的人看到医护工作者在办公桌前、走廊地板上入睡时的疲惫,连续十几个小时甚至几十个小时奋战在手术台,为的就是能看到更多患者带着健康和笑容安心回家。

甘于奉献是医护工作者治病救人的职业道德的更高层次的升华,而奉献精神所迸发出的强大创造力、凝聚力、感召力，正是当今广大医护工作者崇高的职业道德品质和职业灵魂，也是持续推动健康中国建设的强大内生动力。

3. "如刀尖上跳舞"的舍生忘死和大爱无疆精神

舍生忘死，即医护工作者把自我生命抛于脑后，将更重要的追求——拯救患者生命置于自我生命之上。舍生忘死集中表达了医护工作者大爱无疆、大公无私、自我牺牲的职业精神。在全国抗击新冠肺炎疫情表彰大会上，习近平总书记强调："舍生忘死，集中体现了中国人民敢于压倒一切困难而不被任何困难所压倒的顽强意志。"中华民族能够经历无数灾厄仍不断发展壮大，从来都是因为在大灾大难前有千千万万个普通人不惧风险、不畏牺牲、挺身而出、慷慨前行。这种舍生忘死的牺牲精神沉淀在骨子里，是一种崇高的职业献身精神，是一种超越自我、超越天地的大爱无疆精神，是一种该出手时敢出手、能出手的斗争精神和不屈不挠的意志力。这是战胜前进道路上一切艰难险阻的力量源泉，是中国人民众多优秀品格中最强音的集中体现。

淳朴的善心和博大的爱心是每一个医护工作者的最低门槛，也是这一职业最基本的道德要求。新冠肺炎疫情出现后，从"不计报酬，无论生死"的请战书，到"哪里需要我们，我们就到哪里去"的宣誓词；从写下"如有不幸，捐献我的遗体研究攻克病毒"的"95 后"护士，到率先进入污染区、坚持和患者战斗在一起的"50 后"党员先锋队……面对疫情，中国医护工作者没有被吓倒，而是用明知山有虎、偏向虎山行的壮举，犹如刀尖上跳舞般地书写下可歌可泣、荡气回肠的壮丽篇章，交出令世人惊叹的"中国答卷"！

在实现中华民族伟大复兴的新征程上，必然会有艰巨繁重的历史任务，必然会有艰难险阻甚至惊涛骇浪，但只要我们充分发扬医护工作者大爱无疆、舍生忘死、敢于挑战一切困难而不被困难压倒的大无畏精神，就一定能战胜困难，不断地从一个胜利走向另一个胜利。

4. "与死神赛跑"的探索创新精神

探索创新精神指能够综合运用人类已有的科学知识、信息、技能和研究方法，提出新科学观点、新研究方法的思维能力和进行新的发明创造、改革探索的实践精神。探索创新精神属于人类科学思想和科学实践精神范畴，是进行探索创新活动必须具备的心理特征，包括探索创新的意识、兴趣、胆量、决心、信心，以及相关的思维活动。探索创新精神是一个国家和民族繁荣发展的不竭内生动力。

医学的生命力在于创新，医护工作者的探索创新精神是提高治疗护理水平的重要方面，是与死神赛跑并赢得胜利的重要法宝。医学是一门自然科学，是研究人类生命过程以及防治疾病的科学体系，其研究载体是人的生命，本质上是人类的生命过程。医护工作者要在依靠自己掌握的医护知识与经验保护人们健康的基础上，从临床实际出发，不断思考、实践、探究与创新,其探索创新的意识、速度、成就直接决定着患者的生命质量和生命长度。由于医学服务对象的复杂多元化,医护工作者要想不断满足社会对医学发展的需求,实现其维护人类生命健康的价值,就必须充分发扬探索创新精神,与时俱进,从医德、知识、技术能力、情感态度等方面适应医学发展新模式、新样态、新需求。

5.2.2 医护精神的时代价值

医护精神的科学内涵包括又不限于"敬佑生命、救死扶伤"的人道主义精神,"责任重于泰山"的岗位意识和甘于奉献精神,"如刀尖上跳舞"的舍生忘死和大爱无疆精神,"与死神赛跑"的探索创新精神,它植根于中华民族五千年的历史文化积淀中,植根于中华民族勤劳善良、爱岗敬业、敢于斗争、敢于胜利的优秀传统中,并随着时代的发展绽放出新的色彩和光芒。医护精神的科学内涵和要义是党和人民砥砺意志、奋勇向前的宝贵精神财富,必将在助推民族复兴伟业的时代洪流中发挥重要的感召和激励作用。

党的二十大报告指出,要发挥党和国家功勋荣誉表彰的精神引领、典型示范作用,推动全社会见贤思齐、崇尚英雄、争做先锋。2021年建党百年之际,中共中央决定授予29名同志"七一勋章"。"七一勋章"获得者来自人民、植根人民,是立足本职、默默奉献的平凡英雄,其中辛育龄、吴天一是卫生健康系统党员中的杰出代表。他们用行动证明,只要坚定理想信念、坚定奋斗意志、坚定恒心韧劲,在平凡的岗位上也能书写出不平凡的故事。医护精神是爱国主义精神的集中体现,是中华民族伟大精神的发扬和传承,是新时代践行中国特色社会主义核心价值观的生动德育教材。

习总书记提出的"敬佑生命、救死扶伤、甘于奉献、大爱无疆"新时代医疗卫生职业精神,语言凝练,极富时代感,精准地反映出医疗卫生行业保障人民群众健康的神圣使命、特殊价值和崇高境界,为推进健康中国建设凝聚起磅礴力量,已成为卫生行业改革发展的核心动力和重要抓手。医务工作者应当具备一颗怜悯之心,展现出对患者的耐心,不推诿、不嫌弃,尽自己所能无差别地对待不同的患者。

医护精神传递众志成城的强大社会正能量。医护工作者一张张不辞辛劳的坚毅笑脸,一句句加油必胜的鼓励话语,一个个冲锋陷阵的动人精彩故事,给社会传播着积极乐观的正能量。医护工作者给全国人民上了一堂爱国、忠诚、仁爱、担当、奉献、拼搏的"家国情怀课",凝聚起了众志成城的强大社会正能量。

 课后研讨与实践 ///////////////////////////////

请论述医护精神的内涵和时代价值。

5.3 医德建设理论与实践

5.3.1 医德建设的理论探索

医德是医护工作者应当遵守的行为规范的总和。医德建设直接关系病人的切实利益，关系国家医疗卫生事业的发展水平。医德建设不仅是社会风气的重要反映，也是全民道德素质的具体表现，深受国内外社会舆论的广泛关注。近年来，各级卫生监督管理部门和医疗卫生单位不断加大推进医疗道德和行风建设工作力度，医德建设取得了一定的进展，但我们同时要清醒地认识到，医德建设依旧面临诸多严峻考验。

1. 加强医德建设的意义

（1）构建和谐社会的需要。

医德建设是构建和谐社会的重要内容之一，直接关系医患关系。如果医患双方没有互信的道德基础，既不利于患者的生命健康，又损害医护工作者的职业形象，更会造成矛盾和纠纷。医护工作者只有首先具备了良好的职业道德和医德医风，才能真正富有同情心，体谅患者的内心疾苦，架起与患者之间亲切友爱的桥梁，进而建立和谐共处的医患关系。

（2）推动医疗体系的优化。

医院发展取决于医疗质量、人才培养、硬件设施以及医德医风等状况。如果把医疗设施比作医院的坚硬骨架，人才比作医院的新鲜血液，质量比作医院的宝贵生命，那么医德就是医院的灵魂。医院必须高度重视并加强医护工作者的职业医德医风观的建设。大量事实证明，医德医风观念的深入建设对不断提高基层医疗卫生技术服务人员队伍建设质量，改进各级医院基本医学卫生管理，推进医院现代医学卫生事业健康发展，培养人才等方面都有着深远影响。

2. 影响医德建设的原因分析

（1）医德建设重视程度不够。

个别单位、个别领导对医德医风建设重视不够，只重视医院经济效益和医疗技术人员的培养，忽视社会效益和医德医风教育。一些医护工作者对医德医风建设思想认识浅薄，服务态度差，职业道德缺失，导致患者不满意；不合理检查，不合理治疗，在一些医疗单位还不同程度地存在；医药购销领域中的不正之风和违规违法问题依然存在。必须正视问题，认清形势，充分认识加强医德医风建设的必要性和紧迫性。

（2）医患双方的原因。

医疗卫生事业所能达到的目标与群众的医疗需求尚有一定差距，患方就医期望值过高，一些患者及其家属对医学缺乏科学的理解和客观的认识，少数患者不尊重医生的人格，谩骂甚至动手殴打医护工作者，这严重损伤了医护工作者的自尊心；还有患者对医疗效果不满意，要挟医院和医护工作者，这也导致一些医院采取防御性医疗行为，使医患关系陷入恶化的怪圈。

（3）医德建设的误区。

一些医疗机构对医疗业务建设的全过程非常重视，而对医院精神文明建设则只是阶段性重视。医疗机构领导个人的倾向往往决定医德建设工作的力度大小。在医德建设上表现出急功近利的不良倾向和采用搞运动式的推进做法，在医护工作者中造成上级领导为树政绩而抓医德建设的错觉。

另外，医德建设中的医德教育内容与社会现实脱节、与医德心理脱节，医学专业培养与医德教育脱节，不能有效倡导民族传统文化和道德体系，使之有效指导当前的现实医疗工作，难以有效引导、培养医护工作者的新型思想观念和现代价值取向。

3. 加强医德医风建设的要求

（1）崇尚救死扶伤的宗旨，把医德看高些。

敬业是医德的核心，良好的医德是医护工作者"医疗生命"的动力之源，救死扶伤是医护工作者义不容辞的责任。医护工作者若没有良好的职业操守，价值追求便可能发生扭曲。我国几十年来涌现出的无数具有高尚医德医风的好医师，做到了职业义务与道德良心的高度协调统一，达到了职业道德的最高境界，从而有了高尚的人格魅力。

（2）搭建沟通理解的桥梁，把患者看亲些。

医护工作者应该进一步强化以患者为中心的理念，有悲天悯人的胸怀，体恤患者的痛苦，体谅患者的困难，做到视患者为亲人，主动、热心服务，拉近医患距离。彻底改变"只见病不见人"的方式，坚持医患之间的平等、有效、积极和善意沟通，并在此过程中找到缓冲、淡化、化解矛盾的有效方法，赢得患者信任。

（3）坚持严谨细致的标准，把工作干精些。

救死扶伤是医护工作者的天职，技术精湛是对医护工作者的起码要求。只有能吃苦、敢创新、勤思考，坚持严谨细致的标准，才能技有所精。医护工作者要把对患者的"爱心、耐心、细心、精心"，体现在与患者沟通交流的点点滴滴中，每接诊一位患者都要用"心"去探索，用"情"去疗伤，做到"治好一个病人，创出一份和谐，留下一片美名"。

（4）树立宁静致远的理念，把名利看淡些。

一名优秀的医护工作者要耐得住寂寞、经得住诱惑，不断净化和陶冶自己的思想和情操。只有志存高远、严谨自律、坚持不懈，才能有机会达到学技俱丰；只有勤奋踏实、恪尽职守、爱岗敬业，才会事业有成；只有诚信笃实、仁厚宽容，才能受到社会大众以及人民的拥护和爱戴；只有淡泊名利、公正廉洁，才能留下一世清名。对于医护工作者来说，患者的认同与感恩是最高的褒奖，功名利禄不可苛求，更不能建立在损人利己、破坏公德良知的基础之上。

5.3.2 医德建设的实践路径

医德医风属于道德的范畴。医德医风建设作为促进医院持续生存与健康发展的内在动力与精神支柱，既是提升医院管理能力的重要体现，又是不断加强基层医院全面医风建设的重要组成部分。广大医护工作者应将"以人为本"的传统医护道德理念内化于心，外化于行，使医院医德医风建设和医院制度规范管理紧密结合，做到思想教育和制度建设双管齐下。

1. 加强医护工作者医德伦理学的学习，开展思想教育活动

医护工作者要树立正确的世界观、人生观、价值观，培养高尚的职业道德，懂得作为一名医护工作者，不仅要有良好的医技水平，还要有高尚的医德。强化教育，注重引导，在医德医风教育上下功夫。

一是注重职业道德教育。教育广大医护工作者树立正确的人生观、价值观，传承传统美德，恪守职业道德，提高职业素养和精神境界，建立高尚的医德和良好的医风。特别是加强卫生系统新进人员岗前医德教育培训，教育他们树立正确的世界观、人生观、价值观和救死扶伤、全心全意为人民服务的宗旨意识。

二是注重典型示范教育。要大力宣传卫生系统涌现出的先进典型，如全国优秀乡村医生、"最美医生护士"评选活动，大力宣传身边医德高尚、廉洁行医的人和事，发挥好先进典型的导向示范作用，推动医德医风建设向深层次发展。

三是注重法纪法规教育。组织医护工作者认真学习国家的卫生法律法规，学习技术操作规范，学习医院的规章制度，使医护工作者知法纪、懂法纪、守法纪，坚决守住法律法规底线、职业道德底线。

四是注重警示警醒教育。运用查处的典型案例教育广大医护工作者增强法纪意识和公德意识，结合典型案件，开展警示教育，培养医护工作者对法纪的敬畏心，自觉抵制各种错误思潮和不良社会风气影响，努力做高尚医德医风的模范实践者和积极推动者。

2. 开展以人为本的医德医风教育，注重教育内容和教育形式的创新

广泛开展医德医风教育的有效途径是积极向医护工作者宣传，并在实践中注重以教育的方式培育以人为本的医德医风，具体包括以下三个方面：

首先，要注重医德医风教育内容的丰富性。围绕提升医护工作者人文精神，增强医护工作者责任意识，强化"以患者为中心"等主题，以生动的形式融汇到教育内容之中，做到既保证教育内容的可理解性，又保证教育的有效性。

其次，要注重医德医风教育手段的多样性。简单枯燥的教育形式带来的教育效果也是有限的，缺乏生动性与灵活性。为了达到良好的教育活动效果，要注重教育形式的多样性，如榜样示范型教育、案例分析式教育、实地参与型教育、参观访问型教育等。

最后，教育过程要强化医护工作者的主人翁意识。医护工作者是医德医风建设中的主体，是教育活动中不可缺少的一部分，要想实现良好的教育效果，就要使医护工作者积极参与教育过程，并引导医护工作者提出医德医风提升或改进的有效措施。

3. 确立并完善医护工作者的绩效评估指标体系

目前许多医院在绩效管理方面进行了有效探索，但是在绩效评估指标体系的设定上，存在过分强调医护工作者的业务收入，把收入与医护工作者的业绩挂钩的现象。

树立以人为本的医德医风的重要手段之一是不断强化医院绩效考核管理，更新医院绩效考核评估指标体系，把医护工作者收入与病人评价挂钩，使医护工作者真正做到以患者为中心。更新绩效评估指标体系，就是要把医护工作者引发医疗纠纷的次数、病人对医护工作者的情况反映等纳入医护工作者的绩效考核指标中，并加大其在整个指标体系中的权重。合理的绩效评估指标体系既可以形成对医护工作者在实践中贯彻以人为本医德医风的鼓励，也可以形成对医护工作者的鞭策，因而是促使以人为本医德医风形成的有效手段。

4. 实现医疗卫生系统管理的公开化和透明化，完善医疗卫生监督机制

完善的医疗卫生监督机制是医疗卫生系统工作人员直接处于医疗行政机构、医院内部管理者及包括患者在内的社会全体的监督之下，促使医护工作者切实考虑患者利益、培育以人为本医德医风的有效手段。医疗卫生监督机制得以有效运行的前提是医疗卫生系统管理的透明化，管理的透明化与监督的有效性是紧密关联、不可分割的。

首先，要坚持和完善院务公开制度。这要求医院将医院的基本情况、组织架构、医生状况、药品价格、门诊价格等以各种形式告知患者，确保患者的知情权。

其次，要建立医德档案，并在互联网上供公众有条件查询。对于有不良信用记录、医德不良的医护工作者，医院不但要让其付出经济代价，更要让其置于公众舆论的压力之下。

最后，要健全监督体系，保证监督的系统化、制度化、常态化。监督的系统化最主要的特点是要切实保证监督医护工作者和服务主体的系统多元化（具体包括医院、医疗卫生行政管理机关、公众等）、监督过程的全面化（事前、事中、事后的全方位过程综合监督）；监督的制度化就是要把监督的主体、监督的对象、监督者与被监督者的权利义务等以监督制度的形式明确，从而确保监督的有效性和可靠性；监督的常态化就是要使监督成为医德建设的一项重要内容，杜绝搞运动、搞形式主义，使医德监督具有持续性、稳定性，从而保证医德医风的持续改善。

5.3.3 医者仁心好榜样

帮助患者有效减轻自身病痛，使其早日康复，既是医护工作者的天职，更是体现医护工作者职业道德的最高行为规范和基本素质要求。绝大多数医护工作者都能够做到不忘医者初心，坚守职业道德，用精湛的技艺、热情优质的服务为患者解除病痛，深受群众尊敬，并成为他们心目中的"好医生""好护士"。"医学大家"吴孟超、"抗癌院长"徐克成、"B超神探"贾立群、"家庭医生"朱兰、严正、"爱心护士"蔡蕴敏等是医者仁心的先进典型，他们对生命的敬畏、对职业的执着、对病人的深情无一不深深地打动着人们。

医者仁心好榜样

"好医生、好护士"上演了太多令人感动的故事，不管是终生致力于医疗卫生事业研究的医界泰斗，还是在基层医疗岗位上几十年如一日默默奉献的普通护士，他们都用自己的人生诠释了"大医精诚、仁心仁术"的职业道德，以实际行动将社会主义核心价值观落地基层、融入生活。

他们的事迹引领了社会价值导向，为广大医护工作者树立了榜样，值得每一个人去认真学习。

案例 5-1   **钟南山的故事**

钟南山，福建厦门人，1936 年生于南京，中共党员，中国工程院院士，广州医科大学附属第一医院国家呼吸系统疾病临床医学研究中心主任，广州医科大学教授。

2003 年抗击"非典"中，他不顾生命危险救治危重患者，奔赴一线开展医疗救治工作。一句"把最危重的病人送到我这"，令人感动；一句"非典并不可怕，可防可治"，让当时处于恐慌的人们安下心来。他还倡导与国际卫生组织合作，主持制定我国"非典"等急性传染病诊治指南，为战胜"非典"疫情做出重要贡献。

2020 年，钟南山再次临危受命，奔赴抗击新冠肺炎疫情第一线，担任国家卫健委高级别专家组组长。他提出存在"人传人"现象，应严格防控，并领导撰写新冠肺炎诊疗方案，推动了疫情防控、重症救治、科研攻关等。他带领团队积极开展新冠肺炎相关基础研究：开展病毒溯源研究，成功从临床样本、粪便及尿液中分离出活毒株；开展首个全国范围的新冠临床特征研究，并揭示医疗资源是否充足以及并发症与新冠肺炎患者临床愈后的相关性，为临床准确认识和科学诊治提供了依据。

钟南山荣获"全国先进工作者""改革先锋""最美奋斗者""全国道德模范"等荣誉称号，获国家科学技术进步奖一等奖、白求恩奖章。2009 年当选"100 位新中国成立以来感动中国人物"。2020 年被授予"共和国勋章"。

资料来源：钟南山：大医精诚护佑生命．人民网，2021-06-20.

分析

钟南山既有国士的强大使命感与责任感，又有战士般的勇猛。在抗击疫情的战斗中，他用自己的实际行动诠释了医者仁心、学者大义。当看到疫情防控难度有所增加，他会落泪伤感。在媒体面前发声，当他带来的是坏消息，所有民众都感到害怕时，他又用专业知识给大家足够的信心和安全感。这样的精湛医术，这样的医者仁心，才称得上国士无双！

案例 5-2 　　　　　　　　　　　　　　**辛育龄的故事**

辛育龄，中日友好医院首任院长，"七一勋章"获得者，新中国胸外科事业的开拓者和奠基人，实现胸外科领域多个方面"从 0 到 1"的突破，培养千余名胸外科技术骨干，80 多岁高龄仍坚守在诊疗一线。

1937 年 7 月 7 日，抗日战争全面爆发，年仅 16 岁的辛育龄奋起参加冀中人民自卫军。1939 年 7 月，辛育龄加入中国共产党。1940 年，年仅 19 岁的辛育龄已经是冀中军区制药厂的厂长。

1951 年，辛育龄被我国政府首批派往苏联学习胸外科技术。1956 年，辛育龄获得苏联医学院医学副博士学位回国，组建了胸外科。1979 年，辛育龄成功实施了国内第一例人体肺移植手术。1982 年，辛育龄被任命为中日友好医院院长，主持建院工作。1984 年开院后不久，他主动辞去院长职务，甘当一名普通胸外科大夫。

辛育龄说："我一生最大的愿望，就是做一个好医生，做一棵无影灯下的'不老松'"。他一心扑在工作上，不计报酬、不计代价为病人服务。86 岁，他还在为病人做手术。89 岁，他因无法站立才恋恋不舍地离开了临床。辛育龄曾赋诗云："救死扶伤平生愿，人生价值是奉献。"

资料来源：辛育龄：新中国胸外科事业的开拓者和奠基人．https：//www.163.com/dy/article/IETJ5QPM0514D7B7.html.

分析

2021 年是"七一勋章"首次颁授，共产生了 29 名"七一勋章"提名人选。他们理想信念坚定，对党忠诚；为中国革命、建设、改革，为全面建成小康社会和打赢脱贫攻坚战，为推进党的建设新的伟大工程，作出杰出贡献、建立卓越功勋；他们道德品行高尚、创造出宝贵精神财富；在全党全社会具有重大影响、受到高度赞誉。辛育龄是新中国胸外科事业的开拓者和奠基人。战争时期，他曾与白求恩并肩战斗，多次冲上前线救治伤员。和平年代，他长期致力于我国胸外科创建和发展，是我国人体肺移植手术第一人，在胸外科领域多个方面取得"从 0 到 1"的突破，为我国卫生健康事业创新发展作出卓越贡献。

案例 5-3　　　　　　　　　**吴天一的故事**

吴天一，1935年6月25日出生于新疆维吾尔自治区伊犁哈萨克自治州，高原医学事业的开拓者，中国工程院院士，中国医学科学院学部委员。他曾任青海省心脑血管病专科医院研究员、教授。他建立的慢性高山病诊断标准被国际高山医学学会认定为国际标准，在全球统一应用。他创建了全国第一家高原医学研究所，填补了低氧生理和高原医学科研领域的空白，构建起高原生存安全的科学体系。

医者仁心好榜样
吴天一

在青藏铁路建设期间，他主持制定了一系列高原病防治措施和急救方案，创造了青藏铁路建设5年，14万建设大军在海拔4 500米以上的唐古拉山高强度劳动无一例因高原病死亡的奇迹。如今，80多岁的他仍然坚守青藏高原，守护着高原人民的健康。2024年2月26日，青海省人民医院"吴天一院士工作站"授牌成立，旨在打造高原医学创新驱动发展战略阵地。

吴天一说："青藏高原是我科学研究的根，是我生命的根，高原医学研究是我一生的追求。我要带好团队培养好接班人，为保障高原人民和官兵的健康作出更大贡献。"

资料来源："马背院士"吴天一：把根扎在青藏高原. 新华网，2021-07-14.

分析

中国工程院院士吴天一，是我国高原医学事业的开拓者、低氧生理学与高原医学专家。2021年6月29日，他站上人民大会堂金色大厅领奖台，戴上了代表党内最高荣誉的"七一勋章"。世界屋脊上，一位80多岁高龄的老人带领医学团队，常年跋涉在离蓝天、白云最近的天路。50多年来，他推动我国高原医学从无到有、由弱变强，在漫长艰辛的奋斗历程中，践行着共产党员的初心和使命。

案例 5-4　　　　　　　　　**梁益建的故事**

梁益建，1964年9月生，医学博士、四川省成都市第三人民医院骨科主任。梁益建多年前学成回国，参与"驼背"手术3 000多例，主刀挽救上千个极重度脊柱畸形患者的生命，成为国内首屈一指的极重度脊柱畸形矫正专家。

尽可能地为患者着想，是梁益建的工作守则。到医院求治的病人，很多经济条件不好，为了让患者尽快得到治疗，他除了处处为病人节省费用外，还常常为经济困难的患者捐钱，四处化缘。碰到有钱的朋友，他会直接开口寻求帮助，甚至尝试过在茶馆募捐。

为了给这些经济困难的患者赢得更稳定的求助渠道，梁益建博士团队从2014年开始与公益基金合作。据不完全统计，获得帮助的患者接近 200 位，金额近 500 万元。

资料来源：梁益建，这位成都医生感动了全中国！. 成都晚报，2017 - 02 - 09.

分析

"自诩小医生，却站上医学的巅峰，四处奔走募集善良，打开那些被折叠的人生，你用两根支架，矫正患者的脊柱，一根是妙手，一根是仁心。"这是"感动中国"颁奖词所言。梁益建所接受的脊柱畸形患者，很大一部分是屡次被国内医院所拒绝的。他将"伟大"与"平凡"画上等号，用无私奉献感动中国，用自己的妙手仁心，打开了一个个被折叠的人生。

 课后研讨与实践 /////////////////////////////////

1. 请谈一谈新时代医德医风建设的重要意义。
2. 请列举两个医者仁心榜样人物故事，并谈谈你的体会。

第 6 章

"春蚕到死丝方尽，蜡炬成灰泪始干"的师范精神

▷ **知识目标：** 了解教师职业的发展及演变；掌握新时代教育家精神的内涵和实质，引导学生争做"四有"好老师；了解师德建设的理论发展历程，熟悉师德建设的实施路径及长效机制。

▷ **能力目标：** 能够从道德、科学、人文等维度辨别师德修养，并主动融入师德建设实践。

▷ **价值目标：** 增强学生对高尚师德的情感认同、理性认知和实践自觉，促进学生形成正确的教师观和教育观。

知识脉络图

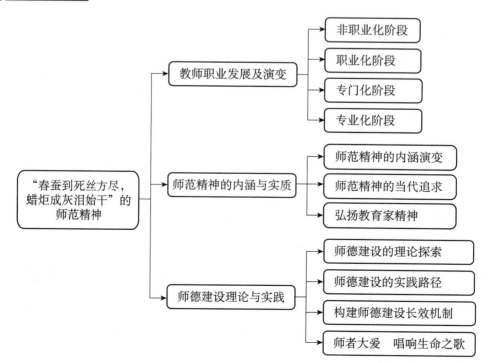

6.1 教师职业发展及演变

党的二十大报告提出科教兴国战略，明确指出要"加强师德师风建设，培养高素质教师队伍，弘扬尊师重教社会风尚"。教师肩负着教书育人的重要使命和责任，需要有较高的知识储备和教学能力，还须经过专门教育和训练。教师职业的起源既是社会发展史问题，也是世界性的教育理论问题，其发展及演变经历了漫长的过程，大抵可分为四个阶段：非职业化阶段、职业化阶段、专门化阶段和专业化阶段。

6.1.1 非职业化阶段

在原始社会，由于生产力低下，教育表现出自发性、广泛性和与生产劳动紧密结合的特点。由于没有学校，也没有特定的教师群体，只有经验丰富的长者才被视为教师。在奴隶社会，教育的一个重要特征是"在官府学习"和"以官为师"。学校由官方管理，一些官员被任命为教师，从事智识活动，但生活的来源取决于官方的工资而不是教学的收入，所以不是真正的专业教师。德能兼备的人可以凭借自己的经验，模仿教师的工作。称谓上也不是称为"教师"，而是称为"太傅""国子监祭酒""先生"等。因此，古代社会虽然有教育现象甚至教育实体的出现，但教师并没有成为专门职业。

在这段漫长的历史里，教师职业之所以没有成为独立的专门职业，其社会原因是：一方面教育是少数统治阶级的特权，学生数量有限；另一方面社会尚未普及教育，没有大量教师的社会需求。

6.1.2 职业化阶段

职业化阶段是出现独立的教师行业，在我国可以追溯到春秋时期。为了贯彻一些政治理念，开办私立学校的潮流蓬勃兴起，独立教学在这种潮流中应运而生，历史上第一次正式出现以教师职业为谋生手段的群体。这些私立学校教师在一定程度上改变了先前官方教师过度的官方色彩，教师也开始逐步转变为专业教育者。在西方，以教导人们知识、周游世界、演讲和招收弟子为生的古希腊智者成为西方教学行业的先驱。到荷马时代，智者指拥有智力和技能的人，后来又专指有偿收徒的流动教师。在这个阶段，私立学校的教师也逐渐成为一种职业。

无论是东方还是西方，当时以教学为生的全职教师专业化程度和人数比例仍然很低，基本上还不具备专门化水平。私学教师基本沿用口口相传的教学方式，教学理念还停留在经验阶段，教学场是教师的一言堂，教学质量参差不齐。从整个社会来讲，教育还处于十分散漫的状态，学校和教师工作也没有统一的标准，人们对教育的需求并不强烈，因此，当时教师职业的专业化程度十分有限。

6.1.3 专门化阶段

教师进入专门化阶段的标志是师范教育的出现，这是教师从兼职走向独立的重要原因之一，也是社会发展的结果。1681年，拉萨尔在法国兰斯建立了世界上第一所教师培训学校，成为人类师范教育的开端。我国的师范教育始于1897年，当时盛宣怀在上海创办了南洋公学，为其他高校培养师范人才，这是我国最早的近代师范教育机构。1898年京师大学堂成立，标志着"定向型"高等师范教育体制在我国的开始，也被认为是中国高等师范教育体制的最初形式。

师范教育建立以后，教师作为一个专业从职业中分化出来，并形成了自己的特点。这些专业教师培训机构不仅注重教师教育的内容，而且注重教学方法的培训，即除了讲授专业知识，还提供专业技能培训，并将此作为提高教学质量的重要手段。师范教育是培养教师的专门教育，它是现代社会的产物，其诞生和改革是教师职业专门化的开端。

6.1.4 专业化阶段

随着科学技术的不断进步，社会对教育的要求日益增高，进而对教师的素质要求也越来越高，于是，如何实现教师专业化发展成为全球瞩目的热点问题。20世纪80年代中后期，教师需求开始由数量向质量转变，掀起了教师专业化改革的浪潮。独立师范院校逐步并入综合性大学，教师培养由综合性大学的师范学院或教育学院进行，从而逐步形成"教师教育大学化"的趋势。

值得一提的是，1966年，联合国教科文组织发布《关于教师地位的建议》，首次以官方文件的形式对教师的专业化做出说明，指出"教师工作应被视为一种特殊职业，要求教师通过严格和持续的学习获得和保持专门知识与特殊技能"。

1994年1月1日开始施行的《中华人民共和国教师法》，全面、科学地界定了教师的概念："教师是履行教育教学职责的专业人员，承担教书育人，培养社会主义事业建设者和接班人、提高民族素质的使命。"这从法律上确定了教师的专业性和社会地位。

 课后研讨与实践 ///////////////////////////

1. 请简述教师职业的发展过程。

2. 请尝试分析教师职业走向专业化阶段的影响因素。

6.2　师范精神的内涵与实质

6.2.1　师范精神的内涵演变

在人类社会漫长的发展过程中，师范教育作为人类独特的实践方式，与人类文明的演进一样，有着悠久的历史。

从教师专业化的历史发展过程来看，原始社会实行的是"养老与育幼结合""师长合一"的教师制度。学校教育的出现，特别是当学校教育成为一种政治手段的时候，"官师一体化"的教师制度已成为常态。随着制度的改变，全职和专业的教师出现，教育成为谋生的手段。由此，教师经历了从兼职到专职再到职业化的过程，逐渐形成了自己的专业特色，树立了自己的专业精神。"师范精神"在这一发展历程中孕育而生。

从"师范"含义的演变和人类对教师职业及其精神追求的一般过程来看，师范教育是一种旨在使受教育者成为教师的教育，即把受教育者培养成能够彰显人类文明、人格力量、人生智慧的教育。在这一教育过程中，师范精神以追求最大可能的人文素养为动力，成为培养德性、技能、礼仪、法律等人才的活水之源。

1. 师范精神的内涵属于哲学意义上的精神范畴

师范精神是从事教师教育的人的一种意识、思维活动和心理状态，是教师爱心、奉献、创业的基本素质。从本质上讲，就是有崇高意义的关怀，即奉献精神的典范。从教育精神的角度看，师范精神是指具有时代精神和民族文化背景的精神，以丰富而深刻的人文精神为源泉，是以自身和他人人性自由及全面发展为终极目标，是对善、修养、奉献与示范、理想化教育目标的执着追求。

2. 师范精神体现了人类对真、善、美的永恒追求

师范精神表现了人对自身所处的外在特征和内在本性的自觉超越，包括对人的独特文化教养、尊严和感性生活的欣赏，特别是人自由行使理性的权利的价值，人在情感和意志领域自由发展的价值。它不仅体现了真、善、美的具体历史统一，而且具有超越现实、展示人类精神文明发展前景的意义。

3. 师范精神包含在教育精神之中

师范精神同样体现着教育的本质特征、基本要求和教育的人文精神，各种不同的教育观念、教育思想和教育思潮对师范精神都有着相应的影响。与教育精神不同的是，师范精神不仅在外延上有所区别，而且在价值取向上更加重视全体人和每个人积极向上的全面发展，更加鲜明、更加强烈地体现着对人的终极关怀。

4. 师范精神的核心是"师之范"的精神

闪耀着师范精神的人们在自我发展和促进他人发展的过程中总在追求楷模、寻求完善、力求奉献。较之于教师的职业精神，师范精神的内涵更为丰富，其外延及载体也更为宽广，它在教师的职业精神中得到了更为充分的体现。

总之，师范精神是一种为理想的教师形象而奋斗的精神。对师范院校的师生而言，它以时代精神和民族文化为背景，以丰富而深刻的人文精神为源泉，不仅具有主体化、人性化的特征，而且具有典范性、先导性、启发性、推动性。正是这种精神指导和引导着校园生活的方方面面，整合和激活着各种教育资源，渗透在各种教育教学活动中。

6.2.2 师范精神的当代追求

师范精神作为人类教育特别是师范教育过程中凝聚的最宝贵的精神财富，具有师范教育的某些特征，也反映了师范教育机构精神在一定社会历史条件下的理性凝聚。在不同的社会经济制度约束下，教师的言语、行为规范、思维方式和价值观念都发生了一定程度的变化，教师应具备怎样的职业精神和追求怎样的职业目标，成为当代教育改革与发展中最迫切的课题。

当代师范精神应体现当代教师教育的特点，这是师范院校普遍追求的精神风貌。为了追求当代师范精神的目标，我们应继承和发扬传统师范精神，即"学高为师，身正为范"，将传统师范精神与教师的内在专业素质相协调，选取其精华，剔除其糟粕。我们不仅要吸收优秀的中华文化，还要学习优秀的世界文化成果。这不仅有利于教育现代化，而且体现了人文教育的终极目标。因此，当代师范精神的目标追求应体现在三个方面：道德精神、科学精神和人文精神。

1. 道德精神

教书育人，教书者必先学为人师，育人者必先行为世范。教师的一举一动都是学生潜移默化学习的楷模，因此教师的行为必须符合教师职业道德标准，对学生的身心健康发展起到示范性和积极的教育作用。教师是学生品德发展的引导者，教师的道德示范作用与教育作用体现在教学的全过程中。育人为本，德育为先，德育工作贯穿教师教育教学全过程。在德育过程中，教师要有忘我的无私奉献精神，不仅要向学生传授系统的科学文化知识和技能，还要向学生呈现正确的价值观、人生观、世界观，日复一日、潜移默化地影响学生，促进学生群体形成积极向上的氛围，从而促进社会新一代良好风气的形成。

2. 科学精神

工业化社会以来，尤其是进入信息化社会，科学技术飞跃式发展，给人类社会带来了根本性变革和进步。教师在课堂上要运用多种方式，将系统的科学文化知识传递给学生，使学生在有限的时间内达到当前社会的认识水平，从而使社会在较高的水平上继续向前发展，同时还要注重培养学生的创新精神和实践能力，培养学生对科学文化知识的敬仰和崇拜，以自己深厚的文化素养和扎实的专业能力培育学生的科学素养，促成崇尚科学的社会风气，引导青年学生肩负起提高全民族科学文化素质的历史重任，积蓄民族振兴的磅礴力量。

当今社会科学技术迅猛发展，社会发展和人类生活受影响的速度与范围不言而喻，如果教师止步于现有的专业知识，不再潜心钻研前沿，不再进行创新性研究，那么很快便会被社会所淘汰、被逐渐提高的要求所淘汰。所以，紧跟时代的潮流和步伐，虚心学习现代科学技术知识的最新成果，是培养新一代社会主义事业建设者和接班人的迫切要求和任务。

3. 人文精神

教育工作需要教师用真诚的爱去付出和奉献。如果教师不热爱教育工作，不热爱学生，那么就只是一台没有感情的教学机器，与学生之间就没有真诚的交流和互动，就不会取得好的教学效果。教师不仅要关注学生的学业发展，更要关注学生的精神生活和心理面貌，增强学生的人生情感，促进学生形成积极健康的人生态度和学习态度。只有教师关注学生的生活和学习，与学生形成平等、团结、和谐的关系，学生才能信任教师，师生关系才能和谐发展。

6.2.3 弘扬教育家精神

在学校教育中，教师承担着培养社会主义事业建设者、接班人的责任，不仅要教书，更要育人。在新形势下，社会对教师的综合素质提出了更高的要求。2023 年 9 月，习近平总书记致信全国优秀教师代表时强调，要"以教育家为榜样，大力弘扬教育家精神"，并从理想信念、道德情操、育人智慧、躬耕态度、仁爱之心、弘道追求六个方面

争做好老师

阐述了中国特有的教育家精神的内涵，为新时代教师队伍高标准建设指明了前进方向。新时代新征程，教师要深刻领会教育家精神的丰富内涵，牢记为党育人、为国育才的初心使命，自信自强、踔厉奋发，为强国建设、民族复兴作出新的更大贡献。

1. 心有大我、至诚报国的理想信念

正确的理想信念是教书育人、播种未来的指路明灯。心有大我、至诚报国的理想信念充分体现了教师投身教育事业的初心使命。教师只有胸怀"国之大者"，心中装着国家和人民，忠诚于党和人民的教育事业，才能真正筑牢理想信念的根基，把职业发展的"小我"融入教育强国的"大我"中，在实现中华民族伟大复兴的宏伟事业中实现个人价值。教师心里要装着国家和民族，关注时代、关注社会，从党和人民的伟大实践中汲取养分、增强本领。要忠诚于党和人民的教育事业，心系"国家事"、肩扛"国家责"，

以报效国家、服务人民为自觉追求，以奋发有为的精神状态着力培养德智体美劳全面发展的社会主义建设者和接班人。

2. 言为士则、行为世范的道德情操

教师不仅承担着传播知识、传播思想、传播真理的历史使命，还肩负着塑造灵魂、塑造生命和塑造新人的时代重任。这一神圣的使命和责任，决定了教师职业有着更高的道德标准。"合格的老师首先应该是道德上的合格者，好老师首先应该是以德施教、以德立身的楷模。"教师要不断提高自身道德修养，以身作则、率先垂范，用自身行为影响和带动学生。教师要积极培育和践行社会主义核心价值观，用自己的学识、阅历、经验点燃学生对真善美的向往，引导学生健康成长，培养堪当民族复兴大任的时代新人。

3. 启智润心、因材施教的育人智慧

教育既要培根铸魂，也要启智润心。青年学生朝气蓬勃，正处于形成世界观、人生观、价值观的关键阶段，尤其需要教师悉心引导和精心栽培。教师既需了解学生的思维特点、学习习惯、成长规律，又应尊重学生的个体差异，既要指导学生学习知识、启迪智慧，又要帮助学生塑造高尚灵魂和健全人格。同时，还要针对学生特点进行个性化指导、差异化评价、针对性施教。

4. 勤学笃行、求是创新的躬耕态度

当今时代知识更新迭代周期越来越短，学生知识需求越来越多样，以人工智能为代表的知识学习新模式，对教师的专业素养、理论功底和教学能力提出了更高要求。教师要保持勤学笃行、求是创新的躬耕态度，牢记"学不可以已"的古训，勤于学习、笃行不怠，追求真理、勇于创新，持续加强知识储备，优化教育教学方法，提升教学质量。

5. 乐教爱生、甘于奉献的仁爱之心

教育是"仁而爱人"的事业，教师是太阳底下最光辉的职业。"好老师要用爱培育爱、激发爱、传播爱，通过真情、真心、真诚拉近同学生的距离，滋润学生的心田，使自己成为学生的好朋友和贴心人。"新一代教师要继承发扬老一辈教育工作者"捧着一颗心来，不带半根草去"的精神，以赤诚之心、奉献之心、仁爱之心投身教育事业，用纯粹无私的爱守护每一名学生的成长。要在严爱相济的前提下晓之以理、动之以情，用理解的态度对待学生、用自己的言行感化学生、用科学的方法帮助学生，让学生全面发展，让优秀人才不断涌现。

6. 胸怀天下、以文化人的弘道追求

教师必须厚植家国天下情怀，在文明交流互鉴中推动构建人类命运共同体。教师要有世界眼光，永葆胸怀天下、以文化人的弘道追求，涵养家国天下的深厚情怀，教育引导广大学生把爱国情、强国志、报国行融入坚持和发展中国特色社会主义事业的奋斗之

中，并确立为人类和平与发展贡献智慧和力量的远大志向。

 课后研讨与实践 /////////////////////////////////

1. 请简述教育家精神的内涵。
2. 试论新时代青年教师如何身体力行地弘扬教育家精神。

6.3 师德建设理论与实践

6.3.1 师德建设的理论探索

新时期师德建设有着丰富的内涵，涵盖教育教学、管理及学术研究多个方面。

1. 教师职业道德建设应体现以人为本的价值取向

以人为本就是把人作为活动的根本，一切从人的实际需求出发，在教学上表现为"以生为本"，即所有的教学行为都以学生发展为出发点和立足点，将充分尊重、理解、关心学生作为教师职业道德培养的基本价值取向。素质教育就是要坚持以生为本，充分发挥学生的主观能动性，发挥其在自身发展和成长过程中的自觉性、能动性和创造性，使学生获得主动发展。在此过程中需要教师爱岗敬业、为人师表、兢兢业业，这是教师职业道德培养的目标所在。

2. 学校领导和管理者要把教师和学生放在第一位

学校的各项工作安排应以满足师生需求为价值目标，建立健全与师生的沟通渠道，广泛听取，认真、及时回应师生的意见和建议，牢固树立为师生服务的思想意识，并落实到日常工作安排中。进一步明确教育管理工作的基本特征，即公平、诚实、勤俭、博爱，真正让学校领导和管理人员做到崇尚科学、公正廉洁、修身育人、勤奋勤勉、积极实践。

3. 教师学术道德培养目标的基本价值取向是追求个体社会价值的实现

现代教育需要博览群书、知识渊博、上知天文、下知地理、风趣幽默的教师，现代课堂不欢迎循规蹈矩、照本宣科的"先生"，因此，修正教育理念、改进教学方式、调整教学内容就成为教师科学研究的主体内容。教师勤于学习，不断完善和充实自我的过程就是教师追求个人社会价值的过程。教师要自律、开放、严谨、诚实，科研活动与教学实践相结合，有高度的社会责任感和无私奉献精神，以及较高的科研素养和水平。

6.3.2 师德建设的实践路径

1. 构建科学完整的师德教育体系

一是明确师德教育教学的主体和客体。只有如此，才能保证师德教育方向的正确性。二是选择科学的德育内容和适当的德育方法。教师道德教育内容主要包括理想信念教育、道德教育和心理教育。师德教育的途径应该是普遍性与特殊性的统一，既能对教师进行整体的培训和指导，又能用现代技术手段进行有针对性、个性化的教育。同时，还能根据教育对象的反馈，及时调整和改进教育方式，并能根据时代的变化和师德发展的要求，自觉创新教育方式，实现教育方式的多样化和灵活性。三是打造优质的硬件环境（如培训场所、培训材料等）和良好的软件环境（如社会氛围、人际关系、校园文化环境等），优质的硬件环境保证顺利的教育过程和较好的教育效果，良好的软件环境容易营造和谐、宽容、轻松、愉悦的氛围，这些都为师德教育的有效进行提供了基础保障。

2. 完善师德建设体系

一是严格执行教师资格认证制度，明确教师的准入关卡，严格执行教师的录取标准，使学校能真正聘用到合格的人才。二是建立科学的考核机制，设计具有综合性、层次性、科学性的考核标准，在考核过程中坚持主客观统一。三是建立有效的奖励机制，从物质激励和精神激励两个维度，增强教师对师德规范的自我认同，提高师德水平。四是建立完善的监督机制，形成相关职能部门、学校、教师、学生、社会公众媒体、群众等共同参与监督的网络，内部监督与外部监督相结合，自下而上监督与自上而下监督相统一，自我批评和批评他人相配合的监督体系。

3. 培养良好的人际关系

一是建立和谐的师生关系，鼓励师生之间平等、积极、健康的交流，使师生在和谐的氛围中共同成长。二是建立友好的同事关系，学校管理人员与普通教师要坚持平等、合作、务实的沟通原则，教师之间要坚持真诚、宽容、互助的交往原则。三是建立健康的社会关系，鼓励教师克服恐惧和胆怯，进行必要和充分、有益的社会交往和沟通，形成健康向上的社会氛围。

4. 加强教师自身道德修养

教师担负着教书育人的重任，是生产精神产品的劳动者，因而必须勤奋学习，读书明理，修心养德，引领时代。教师应该热爱学生，这是实施教育的基本出发点和着力点，是教育的基本要素，是教师人品、学识、情感与亲和力的展现。同时，教师还应严格自律、遵守规矩，牢记职业身份和使命，保持高尚情操，时刻反省自己，虚心求教，善于听取他人意见和建议。

6.3.3　构建师德建设长效机制

在新形势下，尤其是在教育国际化和全球化的大背景下，师德建设不可避免地受到方方面面的深刻影响。只要我们坚持以人为本、与时俱进、不断创新，社会主义师德体系必将随着我国教育事业的发展而得到应有的发展。

1. 借鉴与批判相结合，应对挑战

任何时代的文化和道德都不是孤立存在的，而是互为补充、相辅相成的，故而道德建设离不开对文化传统的继承。任何一种文化的形成和发展，都离不开对世界上其他优秀文化的吸收。当今世界，科技发展日新月异，文化和意识形态领域也存在着激烈的竞争。面对新形势下的新任务，首先要应对外来文化和道德的影响及严峻挑战。在国际交流日益频繁的过程中，我们要从容应对，客观分析，坚持批判继承、古为今用的策略，最大限度地吸收人类社会所共同创造的一切优秀成果，为我国社会主义道德建设服务。只有坚持批判和借鉴相结合，才能应对挑战，使我们的师德建设在国际化背景下发展得更好。我们要辩证分析国外在办学方式、管理模式、师资队伍建设及人才培养等方面的先进经验，创建一个符合中国国情、有中国特色的师德建设系统工程。

2. 建章立制，创造一个良好的德育环境

要重视师德建设和以德治教的制度建设和机制保障。通过建章立制，把师德建设当作学校重要的日常工作来加以落实，建立一套公平公正的利益分配制度和教育资源分配制度。如在职称评定、福利待遇等事关教师切身利益的问题上尽可能给予照顾，用制度把师德师风建设同解决教师的实际困难结合起来，维护广大教师的合法权益，最大限度地保证教师不因实际生活困难而影响教学和师德建设，努力营造一个良好的从业环境和氛围。

针对师德建设在工作机制方面存在的突出问题，应切实加强机制创新。要克服短期效应，彻底改变师德建设与教学科研工作相分离的现象。真正把师德建设工作有机地融入科研和管理中，纳入教师队伍建设的核心内容中。加强对教师世界观、人生观、价值观的教育，制定职业道德规范，坚持教育和管理相结合，从而形成一套教书育人、管理育人、服务育人的有效运行机制，使师德建设贯穿于学校工作的正常轨道，从而获取不竭的发展动力。

3. 提升师德修养，丰富教师的精神家园

师德是教师素质的灵魂。在当今社会背景下，师德建设的核心是"教书育人"。教师的主要任务就是培养一批中国特色社会主义建设所需的接班人，这就需要广大教师树立正确的教育思想，为人师表，言传身教，依靠教学和管理的全过程，规范自身的言行，并用教师所特有的道德魅力来教育和影响广大学生。因此，思想道德素养是教师素质中最基本、最重要的核心内容。

学校和社会要注重丰富广大教师的精神家园。作为师德建设的主体，教师职业的特殊性决定了教师必须具有比常人更高的道德品质修养，具有更高的职业道德和行为规范。教师要注意时时刻刻"律己律人"，无论是在品德修养、职业操守，还是在学识才能方面都要展现良好的形象并借以教育感化学生。教师的职业道德体现着教师独特的职

业理想和职业情感。因此，要努力改善教师的工作和生活条件，满足教师合理的物质和精神需求，消除教师的忧虑，丰富教师的精神家园。同时，还要通过多种形式，在全社会营造尊师重教的社会风气和意识，大力弘扬优秀教师的崇高精神和光荣事迹，把教师培养成有远大理想和使命感的特殊主体。丰富教师的精神生活是师德的精神基础和内化力量。

4. 舆论驱导，营造良好的德育氛围

要为师德建设提供不竭的外部动力，就必须在全社会形成尊师重教的良好舆论氛围。在全社会倡导以社会公德、职业道德、家庭美德为核心的社会主义新道德，提高全社会的道德水平，为教师创造必要的外部动力。在师德建设中，只有坚持正确的舆论引导，才能营造良好的舆论环境和舆论氛围，应在全社会牢固树立"德育第一"的教育思想。对教师职业道德的要求要与对学生思想道德教育的要求相结合，要与培养社会主义事业建设者和接班人的使命相结合。师德建设应贯穿于学校各项工作的全过程，形成有利于师德建设的舆论环境。

5. 教育创新，促进师德建设的深化和发展

教师师德建设是教育创新的基础和重要保障，师德建设的深化和发展有赖于教育创新。百年大计，教育为本，教育大计，教师为本。教育创新的重点是推进素质教育，提高教育质量。一方面，对教育教学提出了更高的要求；另一方面，为教育的强劲发展提供了有力的支撑。教育创新对师德建设的目标和任务提出了明确的要求，并从内容上丰富了师德建设。教育创新也促进了教育的改革与发展，丰富了教育的内容与形式，拓宽了师德建设的外延。从根本上说，推进教育创新是教育改革和发展的根本出路。教育创新必将推动师德建设理念、机制和方式的发展和创新，是师德建设深化和发展的重要保障。

6.3.4 师者大爱 唱响生命之歌

一个人遇到好老师是人生的幸运，一个学校拥有好老师是学校的光荣，一个民族源源不断地涌现出一批又一批好老师则是民族的希望。教师是塑造灵魂的职业，教师要成为塑造学生品格、品行、品位的"大先生"，要心有大爱，唱响教育的生命之歌。

案例 6-1 **"人民教育家"卫兴华**

"不唯上、不唯书、不唯风、不唯众"，不做"风派理论家"——这就是中国人民大学荣誉一级教授、博士生导师、中国著名马克思主义经济学家卫兴华。卫兴华长期从事马克思主义经济学和社会主义经济理论的教学和研究工作，在我国经济学界的地位和学术影响力非同一般。在长期的理论研究工作中，卫兴华提出了诸多前瞻性的理

论观点：较早提出社会主义商品经济理论，较早系统研究和论述了社会主义经济运行机制理论，较先提出非公有制经济是社会主义市场经济的组成部分，先后发表《中国特色社会主义经济理论体系研究》等 1 000 多篇文章，出版《走进马克思经济学殿堂》等 40 多部著作，成为中国最多产的经济学家之一。他主编的《政治经济学原理》教材是全国影响力和发行量最大的教材之一。这位马克思主义经济学中国化的奠基人之一，于 2013 年获得世界马克思经济学奖。如何让马克思主义经济学的精髓传承下去，是卫兴华做学问的一项重要使命。在多年教学中，他坚持教书和育人相结合。他认为，对马克思主义经济学的教学和阐释，要结合国内外的经济社会实际，让学生们真正认识到马克思主义经济学的科学性，且具备与时俱进的品格。2015 年底，卫兴华获吴玉章终身成就奖，他把 100 万元奖金无偿捐赠，用于支持马克思主义政治经济学的教学研究、人才培养及优秀成果奖励。

卫兴华说："我有个信仰，就是为新中国而奋斗，为老百姓富裕、安康、和谐生活而奋斗。炭火烧完了，变成灰了，木炭还有点余热。我还在继续燃烧着呢，我燃烧得还很旺。"

资料来源："人民教育家"卫兴华：立学为民 治学报国．人民日报，2019 - 10 - 08.

分析

教育部社会科学委员会副主任、北京大学马克思主义学院教授顾海良用 10 个字概括了卫兴华教授 63 年的教学科研过程：求真、求实、求新、求善、求美。作为一名经济学家，他不惧交锋，做经济学理论的清道夫；作为一名教师，他立学为民、治学报国。卫兴华用一生追求"唯真"，不做"风派"，并以之为座右铭教书育人，桃李满天下。他与时俱进的创新品格，持之以恒、脚踏实地、日复一日的奋进精神，值得新一代学者传承。

案例 6 - 2　　　　　　　　　　人民教育家于漪

从教 67 年，写下 400 多万字的论文专著，上了近 2 000 节公开课，一生坚守在三尺讲台，"于漪"这个名字始终和语文、和教育紧紧联系在一起。"教育，教书育人。教书是手段，育人才是目的。"于漪始终认为教育的本质是"育人"。她关于语文学科"工具性与人文性统一"等理念被写入国家课程标准，她"教文育人"的思想对推动语文教育的发展产生了重要影响。

一辈子做教师，一辈子学做教师——人民教育家于漪

语文教学的大门在哪里？于漪一辈子都在寻找。"备课时，我把每一句话都写出来，然后再修改，用规范的书面语言'改造'自己的口头语言，背出来再口语化。每天早上走一刻钟的路，脑子里像过电影一样，怎样开头、怎样铺展、怎样

形成高潮、怎样结尾……我是把它当成艺术作品来教课。"在于漪看来，课堂是教师安身立命之本，好的课经得起咀嚼回味，多年后还会在学生心中留下美好记忆，甚至一想到就精神振奋。于漪常说："我不断反思，我一辈子的课，有多少是上在黑板上的，有多少是教到学生心中的。"

于漪有句名言："一辈子做教师，一辈子学做教师。"教师这个职业，寄托着她一生的追求与热爱。于漪一直奋战在上海教育教学第一线，基础教育和语文教育发展的每一个关键节点，都留下了她深入探索与深刻思考的印记。此外，她致力于为青年教师搭建成长的平台，为教育事业增加内生动力。为了使青年教师尽快成长，于漪首创了师徒"带教"方法，组成培养的三级网络——师傅带徒弟、教研组集体培养、组长负责制，有效促进了青年教师队伍的成长。在她的发掘和培育下，一批批青年教师脱颖而出，并形成了全国罕见的"特级教师"团队。从20世纪80年代开始，她先后培养了三代特级教师，"带教"了100多名来自全国各地的青年教师。于漪获得过无数掌声与荣誉，已90多岁高龄的她依然站在教育改革最前沿，践行着"让生命与使命同行"的铮铮誓言。

资料来源：于漪被授予"人民教育家"国家荣誉称号，"一辈子做教师，一辈子学做教师". 新民周刊，2019-10-09.

分析

在于漪的教学生涯中，她总是尽最大的努力让年轻教师尽快成长。从教近70年，她从未离开过讲台。她有着瘦削的臂膀和正直的品格，永远支持着中国教师的脊梁。于漪说："当我把生命和国家命运、人民幸福联系在一起的时候，我就觉得我永远是有力量的，我仍然跟年轻人一样，仍然有壮志豪情！"

案例6-3　时代楷模、"燃灯校长"张桂梅

张桂梅是党的十七大代表，全国十佳师德标兵、全国先进工作者、全国十大女杰、全国五一劳动奖章、兴滇人才奖等40多个荣誉称号的获得者，孩子口中的妈妈。她以忘我的精神在华坪教育战线上辛勤奉献22年，用心血和汗水为华坪教育谱写着新篇章。

创建免费女子高中的新办学模式

2008年9月1日，在张桂梅老师的倡导下，在省、市、县各级党委、政府的支持下，在社会各界的捐赠下，丽江华坪女子高级中学正式开学。这所女子高中是国内第一所免费高中，学生在校期间免收任何费用，是教育平等的先行者。开学当天，一些家长激动地大声喊着："感谢共产党，感谢政府，感谢全社会的好心人！"

不忘教育初心，用生命办学

自学校成立以来，满是药味、满脸浮肿的张桂梅住在女子高中学生宿舍，与学生

一起吃饭，一起生活，陪伴学生学习。她每天早上 5 点起床，直到深夜 12 点半才睡。

自学校成立以来，张桂梅每年春节都要去学生的家庭走访。这些学生来自丽江的四个县，行程超过 10 万公里。不管山路有多难，她从不退缩。她每次家访回来，都大病一场。张桂梅承受着疾病带来的痛苦，带着共产党人的信念，走进每一个孩子的家。

张桂梅老师为女子高中一直不知疲倦地向前迈进。陪着高中女生一起生活，忘记失去亲人的悲伤，忘记别人的许多不解、批评和不公，忘记头上的一长串荣誉，忘记折磨她的痛苦和不幸，以无私的精神为党的教育事业而奉献。她曾经说过："如果说我有追求，那就是我的事业。如果说我有期盼，那就是我的学生；如果说我有动力，那就是党和人民。"

资料来源：人民教师的楷模张桂梅.人民网，2020 - 12 - 14.

分析

张桂梅之所以为党的教育事业，为人民的教育事业锲而不舍，百折不挠，无私奉献，是因为她有远大的理想和坚定的信念，她始终把学生放在心上，把党的教育事业放在心上。2015 年，她把五一劳动奖章等荣誉证书上交组织。她说："是党指引着光明的人生路，是党为我铺满鲜花盛开的路，我所做的就是要以中国共产党人坚定的理想和信念，为党和人民奉献自己的全部。"

案例 6 - 4　　门巴族的"护梦人"格桑德吉

格桑德吉，现任西藏自治区林芝市墨脱县完全小学副校长。2013 年 9 月，她被评为"最美乡村教师"。2014 年 2 月，她被评为"2013 感动中国人物"。

门巴族的护梦人——全国人大代表、感动中国人物格桑

2001 年，大学毕业的格桑德吉可以留在拉萨，选择更舒适的环境，从事更好的工作，然而，她却义无反顾地选择了回乡执教。执意要回家乡的格桑德吉在帮辛乡当起了一名小学教师。这个地方是墨脱县最偏远的乡镇，即使到最近的公路，跋山涉水也要走上一天，且全年只有 6 月到 9 月可以通行，其他时间则被积雪覆盖。每年暑假，格桑德吉和同事都要做一件重要的事：到邻近墨脱的波密县为学校采购一年的生活学习用品。要先徒步一天走到公路边上，再设法搭上去波密的货车。粮食、食油、罐头、鸡蛋、蜡烛、铅笔、本子等东西要买全，因为一年只有一次采购机会。还有一件更重要的事，就是每次放假把孩子们平安送到家。

在格桑德吉的努力下，门巴族孩子从最初失学率 30%，变成入学率 95%。她教的孩子有多人考上大学。村民们亲切地称她为门巴族的"护梦人"。

资料来源：门巴族的"护梦人"：格桑德吉.央视网，2014 - 02 - 11.

分析

许多人不理解："好不容易出来了，为什么还要回去？大山里的苦还没吃够吗?"格桑德吉却说："正因为我吃过那些苦，才更加感同身受。读书改变了我的命运，同样，山里孩子们也要有走出去的机会。再说，那里太需要老师了，如果连我都不愿回去，还能指望别人去吗?"她回到家乡，坚守在雪山、河流之间，她用一颗心，脉动一群人的心，用一点光，点亮山间更多的灯火。

 课后研讨与实践 ///////////////////////////////

1. 师德建设有哪些实施路径？

2. 简述如何构建师德长效机制。

3. 本章所述的哪个人物的故事最令你感动？为什么？

第7章

"心有大我，至诚报国"的科学家精神

▶ **知识目标：**掌握科学家精神的内涵；领会科学家精神的时代价值和实践途径；了解青少年培育和传承科学家精神的重要意义。

▶ **能力目标：**引导学生掌握培育和传承科学家精神的途径和方法。

▶ **价值目标：**强化爱国主义教育，自觉实践科学家精神，以杰出科学家为榜样，主动把个人价值实现与中国式现代化奋斗目标相联系，深化家国情怀和责任担当意识。树立正确的学习观、就业观，强化努力学习，不断追求卓越的内驱力。

知识脉络图

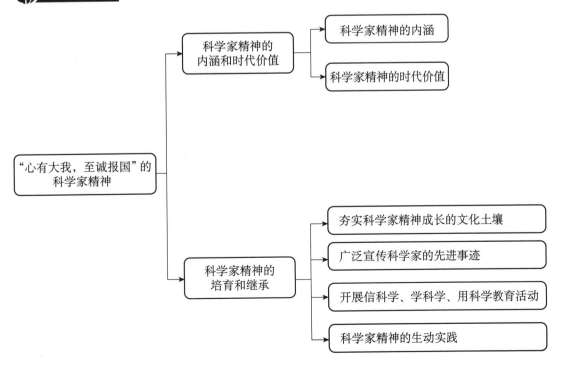

7.1 科学家精神的内涵和时代价值

7.1.1 科学家精神的内涵

2020年9月，习近平总书记在科学家座谈会上指出："科学成就离不开精神支撑。科学家精神是科技工作者在长期科学实践中积累的宝贵精神财富。"新中国成立以来，我国一代代科学工作者立足祖国大地、根植中华文明、成就科学事业，用智慧、汗水凝聚形成科学家精神的丰碑，即"胸怀祖国、服务人民的爱国精神，勇攀高峰、敢为人先的创新精神，追求真理、严谨治学的求实精神，淡泊名利、潜心研

科学家精神
的内涵

究的奉献精神，集智攻关、团结协作的协同精神，甘为人梯、奖掖后学的育人精神"。这六个方面相互贯穿、相互支撑，既传承精神血脉，又蕴涵时代特点，是激励科学工作者攀登科学高峰、建设科技强国的强大精神动力。

1. 胸怀祖国、服务人民的爱国精神

爱国是中华民族精神的核心内容。科学家精神的底色就是胸怀祖国、服务人民的爱国主义精神。胸怀祖国、服务人民的爱国主义精神，生动展示了我国科学家矢志报国、服务人民的高尚情怀和优秀品质，是个人志趣、人生价值和国家使命在科学家身上的有机统一。

我国知识分子历来有浓厚的家国情怀和强烈的社会责任感。《礼记·大学》就将格物、致知、诚意、正心、修身、齐家、治国、平天下列为"八条目"。"为天地立心，为生民立命，为往圣继绝学，为万世开太平"，"苟利国家生死以，岂因祸福避趋之"等思想，是一代又一代中国知识分子的人生追求。作为知识分子中优秀代表的科学家，从李四光、钱学森、钱三强、邓稼先等一大批为建设新中国不懈奋斗的老一辈科学家，到陈景润、黄大年、南仁东等一代代新中国培养起来的杰出科学家，再到立下"稻下乘凉"、誓要让人民吃饱饭宏愿的"杂交水稻之父"袁隆平，他们早已将家国情怀融入思想深处，这些爱国科学家的典范秉持国家利益和人民利益至上，主动肩负起历史重任，把自己的科学追求融入建设社会主义现代化国家的伟大事业，鞠躬尽瘁、矢志报国，为祖国和人民做出彪炳史册的重大科技贡献，以实际行动为"科学无国界、科学家有祖国"做出最生动的注解，谱写了精彩的人生篇章。

进入新时代，新一轮科技革命和产业变革突飞猛进，加速了科学技术和经济发展的融合，中华民族要实现伟大复兴，离不开科学技术的共鸣。因此，新时代更需要继承发

扬以国家民族命运为己任的爱国主义精神，更需要继续发扬以爱国主义为底色的科学家精神。科学家要擦亮科学家精神的爱国主义底色，心怀祖国，把科技成果应用在实现国家现代化的伟大事业中，把人生理想融入为实现中华民族伟大复兴的中国梦的奋斗中，肩负起时代赋予的重任，在新的伟大征程上书写新的奋斗史诗。

培育担当民族复兴大任的时代新人，要依托科学家精神所蕴含的爱国情怀，召唤起青年建设祖国、服务社会的强烈时代责任感，使得青年始终能够心系祖国和人民，引导青年坚定正确的政治立场与理想信念，激励广大青年将个人发展融入实现中华民族伟大复兴的新征程中，自觉担负起振兴中华的伟大使命，为实现科技自立自强贡献智慧和力量。

2. 勇攀高峰、敢为人先的创新精神

国家科技进步奖获得者刘宽胜曾讲到这样一段往事：国内石化大型乙烯装置系统的关键助剂，一度依赖进口，国外垄断企业常常漫天要价；当中国研发出优质关键助剂后，国外公司扭转态度，反过来寻求与中国合作。刘宽胜感慨："在世界舞台上与同行高手竞技，我们必须自创一派'中国功夫'，如果没有自己的一套本事，只能被动挨打。"

党的二十大报告明确提出加快实施创新驱动发展战略。坚持面向世界科技前沿、面向经济主战场、面向国家重大需求、面向人民生命健康，加快实现高水平科技自立自强。广大科技工作者既要有"亦余心之所善兮，虽九死其犹未悔"的豪情，也要坚定"日日行，不怕千万里；常常做，不怕千万事"的信念，不畏挫折、敢于试错、迎难而上，努力为我国科技发展贡献更多智力支持、创新支持；尤须弘扬勇攀高峰、敢为人先的创新精神，有激扬创新的自信和勇气，勇做新时代科技创新的排头兵，攻坚克难，在独创独有上施展作为，在关键核心技术上敢于突破。

回望中国科技发展历程，攀登者们以创新铸剑，有力支撑起民族脊梁。从载人航天、超级杂交水稻到三峡工程、港珠澳大桥、白鹤滩水电站，举世瞩目的成就，映照着一段段自主创新、攻坚克难的科技发展历程；从钱学森、黄旭华到屠呦呦、南仁东，灿若星辰的名字，昭示着科技工作者敢为天下先的勇毅和坚忍；两弹一星、载人航天、探月工程、北斗导航等重大科技工程，彰显了中国力量；陆相生油理论、人工合成牛胰岛素、铁基超导等基础研究的重大成果，体现了中国人的创新智慧，产生了重要的国际影响力；量子信息、移动通信、生物技术、人工智能、5G 通信、航空航天等前沿领域，中国人不断取得重大突破，与世界科技强国同台竞技。

党的二十大报告提出，要"培育创新文化，弘扬科学家精神，涵养优良学风，营造创新氛围"。当前，科学技术从来没有像今天这样深刻影响着国家前途命运和人民幸福安康。实践也反复告诉我们，关键核心技术是要不来、买不来、讨不来的，必须立足自主创新、自立自强。当前是科技实力从量的积累向质的飞跃、点的突破向系统能力提升

的重要时期，广大科技工作者更须增强紧迫感，保持强烈的信心和决心，敢于提出新理论、开辟新领域、探寻新路径，不断抵达新高度，为建设世界科技强国做出新的更大贡献。

3. 追求真理、严谨治学的求实精神

早在 1916 年，任鸿隽发表在《科学》杂志的《科学精神论》一文开宗明义："科学精神者何？求真理是已"。任鸿隽还总结了科学精神的五个特征：崇实、贵确、察微、慎断、存疑。他认为当时的中国学界有四大弊病：材料偏而不全，研究虚而不实，方法疏而不精，结论乱而不秩。任鸿隽的这些判断在百余年后的今天依然振聋发聩。

当今时代，科技竞争和角逐的主战场在于"卡脖子"的关键领域、核心技术以及重大基础研究成果。要在这些方面取得重大突破，就要敢于摆脱思维窠臼和路径依赖。不唯书不唯上，不盲目崇拜权威，只唯真理并以严谨治学的态度追求真理，是科学家发现真理的不二法门。

新时代科学家精神中重要的一条就是追求真理、严谨治学的求实精神。科研须下"真"功夫、"细"功夫。中共中央办公厅、国务院办公厅印发的《关于进一步弘扬科学家精神加强作风和学风建设的意见》，就激励和引导广大科技工作者追求真理、严谨治学提出明确要求。

实事求是的科学态度是科学家的精神基础，也是新时代科学家精神的本质特征。身为科学家的袁隆平，常年挽起裤腿行走在稻田里，把科研做在大地上。为做出"临床医生首选的新药"而孜孜以求的王逸平常说："只有严苛，才能换来每一种新药的安全。"追求真理、严谨治学成了攀登科学高峰的楷模最鲜明的共性。

追求真理、严谨治学，必须坚定对科学的追求。天文学家哥白尼曾说："人的天职在勇于探索真理。"西班牙著名哲学家桑塔耶纳也有言："我们探求真理，在一切事件中，获得真理是最高的快慰。"在建设创新型国家和世界科技强国的征途中，我们不乏把热爱科学、探求真理作为毕生追求，始终保持对科学的好奇心的科学家。既是科研学术导师又是科普爱好者的钟扬，在停不下来的科研和热情洋溢的科普中，把对科学的追求演绎到极致；"中国核潜艇之父"黄旭华，志探"龙宫"，乐在其中，从 1958 年到 2014 年，核潜艇事业伴随着他从青春走向耄耋之年。越是接近真理，便越是发现真理的迷人。科技工作者坚定对科学的追求，才能永葆仰望星空、探求真理的好奇心，才能甘愿付出辛勤劳动，才会耐得住性子一丝不苟下功夫，向着真理不断抵近。

追求真理、严谨治学，必须坚持唯真是命的精神。科学研究是永无止境、不断探索的过程，既要解放思想，也需严谨、较真；既要注重独立思辨，不人云亦云，又要讲求理性质疑，不迷信权威。2016 年 5 月，习近平总书记在全国科技创新大会、两院院士大会、中国科协第九次全国代表大会上讲话时强调："在基础研究领域，包括一些应用科技领域，要尊重科学研究灵感瞬间性、方式随意性、路径不确定性的特点，允许科学家

自由畅想、大胆假设、认真求证。"传统不是窠臼，已经到达的高度也绝非巅峰，有敢于突破、敢闯新路的追求和志向，才能开辟新域、攀至新高、抵达新境。唯真是命，才会保持严谨的治学态度，立足科学、大胆假设，扎实求证、反复推敲，催生最前沿的科学发现和灿烂的科研发明。

追求真理、严谨治学，必须坚守科研的伦理和底线。科研诚信是科技工作者的生命。一代代科学家在推动人类科技文明的进程中，不仅因卓越的科学成就彪炳史册，更因高尚的道德情操让科学史、文明史熠熠生辉。科学研究探索的是基于事实的真理，来不得半点虚假，应立德为先、诚信为本，严守科研伦理规范，守住学术道德底线。学术，乃做学问之术。学风正，则学术如春起之苗，日有所长。"真"做学问、"真"做科研，才能得"真"学问、出"真"成果。

4. 淡泊名利、潜心研究的奉献精神

不计较名利、不困于浮华，才能一门心思做好学问；只有心无旁骛，耐得住寂寞，才能宁静致远，作出突破性成果。淡泊名利、潜心研究的奉献精神，展示出科学家静心笃志、埋头治学，板凳甘坐十年冷、宝剑锋从磨砺出的初心与坚守，体现的是科学家高风亮节、无怨无悔的高尚人格。

每一项巨大科技成果的问世，都离不开敏锐的科学洞察力，更依靠科学家们淡泊名利、潜心研究、甘坐"冷板凳"的奉献精神。科研的道路有时显得漫长而孤独，科学研究是长期的事业，有其自身规律，特别是一些基础研究投入大、周期长，甚至从成果诞生到得到广泛认可，需要经受很长时间考验。从科研规律看，研究成果往往难以一蹴而就，总有一个循序渐进、量变积累的过程。科学研究的规律表明，重大科研成果的取得需要科学家长期钻研，持续关注，甚至要几辈人的努力，没有甘坐"冷板凳"的精神，不下"数十年磨一剑"的苦功夫，是难以取得突破的。因此，推动科研进步尤其是创造一流科研成果，只有坚持不懈，循序渐进，久久为功，方能实现。

新中国成立以来，我国许多优秀科学家能成为"干惊天动地事，做隐姓埋名人"的民族英雄，就在于能够长期勤奋钻研，不因困难退缩，不慕虚荣，不计名利。邓稼先一生为中国核武器、原子武器的研发默默奉献；黄旭华30年"水下长征"，为研制核潜艇无怨无悔；王选历经18年，把全部精力投入汉字信息处理与激光照排研制，几乎放弃所有节假日；2015年，屠呦呦站上了诺贝尔奖的领奖台，高光一刻背后是她46年的无声坚守。屠呦呦对中国科技界的贡献，不仅在于她取得的科研成果，还在于她以自身的经历和成就证明了，淡泊名利，不骄不躁，矢志科研，是科学家的重要品质。这种品质让科学家的人格与情操变得更加纯粹，科学界的工作作风、科研风气也因此更加纯正。正是这些科学家埋头科研、无私奉献，为我国科学事业发展树起了一座座历史丰碑。

5. 集智攻关、团结协作的协同精神

用众人之力，则无不胜也。科技领域协同攻关，既是适应经济全球化趋势之必然，

也是当今学科融合加速、创新要素集聚、科学研究集成所必需。现代科学发展日新月异，其发展的深度、广度和复杂程度前所未有，各学科间不断交叉融合、多技术多产业跨界融合正成为常态。随着经济全球化的发展，商品、技术、信息、数据、人才等要素流动更为频繁，国际国内科学家之间、科研机构和政府之间、产学研用各部门之间在重大科技项目中日益需要加强合作、推进协同、促进融合。事实上，集智攻关、团结协作始终是我国科学界的优良传统。为找到抗疟新药青蒿素，60多家单位、数以千计的科研工作者参与523个项目，艰苦攻关13年，终得所愿；为实施"两弹一星"工程，无数科技工作者隐姓埋名、投身戈壁，付出青春甚至生命，铸就大国重器，奠定国防基石；为编纂《中国植物志》，80多家单位、300多位作者、160多位绘图者，历时45年最终完成。近年来，我国载人航天、高铁研发、北斗导航、载人深潜、天眼工程等，都是依靠团队联合攻关、发挥群智群力集体智慧的结晶。我国科学家展现出的集智攻关、团结协作的协同精神，蕴含了强化跨界融合、倡导团队精神、建立协作机制的重要性，凸显了我国集中力量办大事的制度优势，有利于优化配置科技资源，推动关键领域集中攻关。没有团结协作的意识，没有众志成城的精神，我们就不可能创造一个又一个科技发展的奇迹。正是因为有了科技工作者的集智攻关、团结协作，我国重大科技成果才实现了从零星到井喷、从量变到质变的过程，创造了举世瞩目的科技成就。

科技发展日新月异，作为新时代的人才，要坚持集智攻关、团结协作，发扬团队精神，通力合作、互相补台、共同攻坚，坚持开门搞科研，打破学科壁垒、信息孤岛，在学术科研上志趣相投，而且彼此在气质秉性、专业知识技能上形成互补，合力产生"乘数效应"，让信息共享、资源共享，才能撷取璀璨的科研成果，推动科研实现更快、更好、更全面发展。

6. 甘为人梯、奖掖后学的育人精神

历史上伟大科学家的魅力和胸怀以及年轻人的努力和超越，对一个学科甚至一个学派的发展至为关键。科学是一项承前启后、不断超越的伟业，是甘当人梯的前辈和不断超越的后辈教学相长的过程，人才资源在科技创新中有着最优先的位置，育人关乎科技事业长远发展。我国一代代科学家在潜心研究的同时，把发现、培养、举荐青年人才作为一项重要责任，言传身教，慧眼识英，为拔尖创新人才脱颖而出铺路搭桥、为科学事业可持续发展培养人才。这种甘为人梯、奖掖后学的育人精神，体现的是科学家们为事业发展无私奉献的博大胸怀和历史担当。

多年来，我国科学家不仅以自己的勤勉和学识为国家科学事业做出不凡业绩，更是甘做"铺路石"，勇当领路人，为一代代青年才俊接续成长、施展才华提供广阔舞台。钱学森是中国航天早期人才培养的开拓者，他自编教材，为大学生和青年科技人员讲授"导弹概论""星际航行概论"课程，作为主要负责人开办力学研究班，培养了新中国第一批导弹和航空航天专业人才；气象学家竺可桢在学术生命最旺盛的时候，觉

得办教育更为重要，就到浙江大学去担任校长，并培养出中国第一批气象学家；吴征镒在获得国家最高科技奖后感言："我愿做垫脚石，让后人继续攀登高峰。"正是由于一代代科学家发扬甘为人梯、奖掖后学的育人精神，我国科技事业才得以薪火相传、人才辈出。

一代人有一代人的奋斗，一个时代有一个时代的担当。当今之中国，正在向世界科技强国进军。实现这个伟大梦想，归根到底要靠一代代科技工作者的接续努力，需要"长江后浪推前浪"的新生力量。大力弘扬甘为人梯、奖掖后学的育人精神，为年青一代插上科技翅膀，国家的创新发展才能获得源源不断的动力。

甘为人梯、奖掖后学，应有"功成不必在我"的胸怀。只有营造风清气正的科研环境，才能形成良好的科研文化，助推创新科研成果充分涌现。

甘为人梯、奖掖后学，须有"慧眼识英才、用英才"的伯乐之能。创新之道，唯在得人。得人之要，必广其途以储之。对于科研团队而言，识人善用、纵马驰骋，方能激活创新"第一动力"。要有识才的慧眼、爱才的诚意、用才的胆识、容才的雅量、聚才的良方，善于发现和培养青年科技人才，敢于放手、支持其在重大科研任务中"挑大梁"；要有在科研实践中做"传帮带"的奉献精神、当"铺路石"的牺牲精神，为青年人才施展才干提供更多机会和更大舞台。优秀青年人才脱颖而出，必将为科技创新注入源源不断的动力。

甘为人梯、奖掖后学，也需积极履行科学普及的社会责任。科技创新也必须扎根在公众科学素质和能力不断增强的沃土中。建设世界科技强国，既要一批有建树的科学家，又要让越来越多的人学会"像科学家一样思考"。弘扬新时代科学家精神，要在传播科学知识上学为人师、在弘扬科学精神上身体力行，积极履行社会责任，主动走近大中小学生，传播爱国奉献的价值理念，开展科普活动，引领更多青少年投身科技事业。只有人人都成为科学共同体的一分子，才能让科学素养成为推动中华民族复兴的强大能量。

进入新时代，踏上强国富民新征程，实现科技自立自强新使命，广大科技工作者要赓续老一代科学家的宝贵精神财富，大力弘扬科学家精神，以更加昂扬的精神状态和奋斗姿态，积极投身建设科技强国的宏伟事业。

7.1.2 科学家精神的时代价值

放眼世界，科技革命、产业革命和教育革命加速汇聚发展，特别是以人工智能技术为代表的技术革命，推动着科技与人类社会形成新一轮的历史性交汇，深刻改变着人类的思维、生活和工作。全球的科技格局与创新版图正在加快重构，科技创新空前活跃，科技发展迎来了新的春天。

在我国，中国特色社会主义进入了新时代。科技事业密集发力、加速跨越，实现了历史性、整体性、格局性重大变化，一些前沿方向开始进入并行、领跑阶段，科技实力正处于从量的积累向质的飞跃、点的突破向系统能力提升的重要时期。科技发展与新时代坚持和发展中国特色社会主义的战略任务、建成中国式社会主义现代化强国的宏伟蓝图以及实现中华民族伟大复兴的新征程紧密相连。科学技术从来没有像今天这样深刻影响着国家的前途命运，从来没有像今天这样深刻影响着人民的生活福祉。

科学家精神具有丰富的时代内涵与时代特征，一代又一代的科学家筚路蓝缕、薪火相传，我国科技事业迅速发展，取得巨大进步和成就。这成就彰显了社会主义制度的优越性及党和国家最高领导层的智慧，凝聚了几代科学人的付出，是全国人民大力支持的结果。作为国家科技创新发展的战略引领力量，科学家在新时代的使命更加光荣、责任更加重大。新时代弘扬科学家精神，树立科学家先进典型，要发挥其价值导向和示范引领作用，新时代的科学家需要在践行爱国奋斗精神中走在时代前列，赓续家国情怀，秉承以身许国的爱国精神，争做民族复兴的贡献者。

立足全面建设中国式现代化的新征程，新时代的科学家需要继承老一辈科技工作者甘于奉献、勇攀高峰的可贵精神，将个人的人生价值实现与国家发展结合在一起，让这种精神在新的时空焕发出更为强大的力量。可以说，新时代的科学家精神与国家民族发展同频共振，与中国科技文化一脉相承，是爱国与奋斗的精神，是奉献家国的情怀、献身科学的本色和不畏艰难的品格，是服务中华民族伟大复兴的坚定信念。这意味着新时代的科学家更要学习老一辈科学家爱国奋斗、淡泊名利的优秀品德，不忘报国为民，做弘扬爱国奋斗精神的表率、坚守科学道德和科研诚信的表率、逐梦新时代的表率，将爱国热情和奋斗决心转化为科研创新的强大动力，潜心钻研、孜孜以求，以实际行动诠释新时代科学家的精神和担当。

新时代的科学家需要在推进创新驱动发展中展现更大作为，发扬敢为人先的创新精神。坚持面向世界科技前沿、面向经济主战场、面向国家重大需求、面向人民生命健康，争做科技创新的开拓者，把创新体制机制作为重点，加快实施一批具有战略性、全局性、前瞻性的国家重大科技项目，加快实现高水平科技自立自强，肩负起历史赋予的科技创新的重任。

新时代的科学家要发扬大力协同的团队精神，广大科技工作者要坚持学术民主，倡导团队精神和学术争鸣，尊重他人学术话语权，鼓励年轻科技工作者大胆提出自己的学术观点，大胆尝试自己的学术设想，敢于"试错"，学会"试错"；在团队营造甘于奉献、集智攻关、团结协作的文化氛围，倡导团队精神和协作意识，坚持共享发展理念，推动人才的团结合作，共同促进人才资源的合理流动和有效配置。

新时代的科学家需要在实施人才强国战略中发挥应有作用，争做提携后学的引路者。人才是未来社会发展的第一资源和决定力量，新时代的科学家更要做好人才发现的示范者、领头雁、人才发展的引路人，秉承老一辈科技工作者无私的品质和博大的胸怀，言传身教，薪火相传，发挥好"引领帮带"的作用，坚持好"倾囊相授"的态度，传播价值理念，弘扬精神文化，努力做到学为人师、行为世范，倾尽全力培养更多的大师、战略科学家、一流科技领军人才和创新团队、青年科技人才、卓越工程师、大国工匠、高技能人才，以新发展理念将各方面优秀人才会聚到党和国家的事业中。

伟大的时代需要伟大的精神，伟大的事业需要伟大的精神。踔厉奋发新时代，笃行不怠向未来。站在新起点，广大科学家重任在肩，必须以习近平新时代中国特色社会主义思想为引领，深入学习贯彻落实党的二十大精神，自觉践行新时代的科学家精神，主动肩负起历史重任，自觉发挥精神引领，凝聚人心的时代价值，引领科研人员聚焦国家重大战略需求，矢志创新，科研报国，为我国的科技事业做出突出贡献。步入新时代，静心笃志，心无旁骛，力戒浮躁，甘坐"冷板凳"，肯下"十年磨一剑"的苦功夫，积极投身社会主义现代化建设伟大事业，在弘扬和践行社会主义核心价值观中走在前列，争做重大科研成果的创造者、建设科技强国的奉献者、崇高思想品格的践行者、良好社会风尚的引领者，为实现第二个"一百年"奋斗目标、实现中国式现代化，中华民族伟大复兴贡献智慧和力量！

 课后研讨与实践 ////////////////////////////

1. 科学家精神的内涵主要包括哪些要素？

2. 在建设中国式现代化，实现中华民族伟大复兴的时代背景下，科学家精神具有怎样的时代价值和实践路径？

3. 党的二十大报告中关于科学家精神的相关表述有哪些？

7.2 科学家精神的培育和继承

7.2.1 夯实科学家精神成长的文化土壤

弘扬新时代科学家精神，引导广大科技工作者争做重大科研成果的创造者、建设科技强国的奉献者、崇高思想品格的践行者、良好社会风尚的引领者，既离不开科技工作者的自身努力，更离不开外在条件和环境的建设。当前，尤其需要将着力点聚焦在以下三个方面。

1. 坚守诚信底线，为弘扬科学家精神营造有利氛围

诚信是科学研究的生命线，造假是科学家精神最大的敌人。新时代的中国要向科技强国迈进，必须夯实科研诚信的根基。科研诚信处理的是科学家与个体自我、科学共同体、科研活动、科学事业之间的关系。

首先，应做到诚于己，即遵从内心道德律令，始终保持对科学的好奇心，把热爱科学、探求真理作为毕生追求，在科研活动中坚持解放思想、独立思辨、理性质疑、大胆假设、认真求证；做到立德为先、诚信为本，积极践行社会主义核心价值观，努力引领社会良好风尚。

其次，应做到诚于人，即严格遵守科学共同体的基本共识，秉持学术良知，恪守学术规范，增强学术自律，坚决反对弄虚作假、剽窃抄袭、篡改数据、粗制滥造等做法，坚决抵制学术不端、学术腐败，并与之进行斗争。

最后，应做到诚于国，继承和发扬老一代科学家艰苦奋斗、科学报国的优秀品质，坚持国家利益和人民利益至上，攻克事关国家安全、经济发展、生态保护、民生改善的基础前沿难题和核心关键技术，以自己的所学服务于社会主义现代化强国建设，为实现中华民族伟大复兴贡献智慧和力量。

2. 改革科研体制，为弘扬科学家精神培育良好生态

科研体制直接关系科研生态建设，如果我们把科学家精神比作一粒种子，科研生态就是这粒种子苗壮成长、开花结果的土壤。弘扬科学家精神须以健全合理的科研体制为依托。没有一套符合科研工作规律的科研体制，科学家精神就有可能沦为纸上的文件、嘴里的口号、空中的楼阁，无法真正落实为科研活动，更不可能结出科技成就的硕果。近年来，我国在科研体制改革方面取得了良好效果。进一步加快科研体制改革步伐，应把科学家精神融入科研评价体制之中，形成以科学家精神为基本遵循和价值尺度的科研评价标准和评价体系，真正把科学家精神对科研活动的规范和引导作用转变为实实在在的制度举措，让一切符合科学家精神的行为受到褒扬和推崇，让一切与科学家精神相悖的言行遭到批判。同时，加大多元化科技投入，加强知识产权法治保障，形成支持全面创新的基础制度。引导和推动科技工作者在精神沟通中结缘，在学术交流中精进，让科学家精神成为科技工作者前行路上的不灭明灯。

3. 培养青年力量，为弘扬科学家精神建立长效机制

科研事业是在承前启后、不断超越中得到发展的。科学家精神同样需要在代际传承中获得时代内涵，这样才能不断发扬光大。青年科技工作者是科学事业的新生力量，是科学家精神的传承者。只有青年科技工作者自觉认同、践行和发扬科学家精神，科学家精神才能代代相传。从这个意义上说，应把弘扬科学家精神纳入国家科技人才培养顶层设计之中，主动用科学家精神武装青年科技工作者的头脑，滋润其心灵，使其精神世界更加充盈，面对风云变幻的外部环境，始终做到静心笃志、心无旁骛、力戒浮躁、敢为天下先、甘坐"冷板凳"、勇于"挑大梁"。

7.2.2 广泛宣传科学家的先进事迹

在新时代树立科学家先进典型，发挥其价值导向和示范引领作用，对于科学家精神

的培育和继承具有重要意义。

目前，国内宣传科学家的渠道主要有媒体专栏、人物传记、纪录片、现场访谈等。信息技术的发展以及新媒体、自媒体的崛起，为人物宣传提供了更加丰富的手段。对于科学家先进典型的宣传需要注重以下三个方面。

1. 应抓住重要时间和重大事件窗口期

在新时代树立科学家先进典型，发挥其价值导向和示范引领作用，对于全社会培育社会主义核心价值观和形成尊重知识、尊重人才、崇尚创新、热爱科学的浓厚氛围具有重要意义。在经济社会发展中，广大科技工作者迎难而上、攻坚克难，充分展示了拼搏奉献的优良作风、严谨求实的专业精神，得到了社会各界的广泛赞誉，在全社会形成了崇尚科学家精神的良好氛围。大多数公众在重要时间节点或发生重大突发公共事件、国家取得重大科技成果时，会更加关注科学家群体，因此应重点抓住这些关键时间和事件的窗口期，对科学家进行全方位宣传。同时，还应从中小学阶段抓起，在教材中增加科技人物故事和最新科技成果素材，让更多的科技元素进课堂。这既有利于青少年树立正确的价值观，又能激发其投身科学的志向。

2. 应构建立体式全媒体传播模式

在人类社会信息时代到来的背景下，科学家精神传播也日益依赖大众传播途径来实现。当前，公众主要通过传统纸媒、"两微一端"等渠道获取科学家的新闻，通过各种媒介了解各种科学知识、科学发现过程的历史回顾、科学社会作用的评述和展望以及与科学相关的其他文化现象，社会公众在获取科学信息的同时，潜在地形成了对科学的各种价值评价和判断。因此，利用先进典型实现正能量传播也应是新媒体平台长期健康发展必须肩负的社会责任。通过新媒体弘扬科学家精神，能够展现科学家学术成长历程，探寻科学家心路历程、人格养成，宣传科学文化和科学价值理念，传播科学思想、倡导科学方法。

3. 应打造支撑长效宣传的资源库

承载着科学家事迹的基础资料是开展人物宣传的基础。进入大数据时代，特别是随着数字化技术手段的进步，采集整理科学家的科学人生资料，建成体现科学家学术成就、学术成长和学术风范的资料保存平台，有利于实现相关资源的集中整理保存和支撑长效宣传，中国科学技术协会开展的"老科学家学术成长资料采集工程"、中科院开展的"院士文库项目"等就是典型代表。同时，基于科学家资料建设在线数字化网络展示平台也应成为未来常态化宣传的重要方式。

7.2.3 开展信科学、学科学、用科学教育活动

百年大计，教育为本。立德树人，科教先行。党的二十大报告明确提出：实施科教

兴国战略，强化现代化建设人才支撑。科技强则国强，大力实施科教兴国战略是实现中华民族伟大复兴的必然选择。要想奏响科教兴国、改革开放的最强音，实现中华民族伟大复兴的中国梦，必须提升青少年学生的科学素养。弘扬科学家精神应从娃娃抓起，推动科学家精神进校园、进课堂、进头脑，组织科学家身体力行、言传身教，积极履行社会责任，主动走近大中小学生，传播爱国奉献的价值理念，开展科普活动，引领更多青少年投身科技事业。

初中历史教材和小学道德与法治教材中都出现了我国第一位获得诺贝尔生理学或医学奖的科学家屠呦呦及其科研团队的杰出贡献和事迹，这正是国家对科学家精神的重视，旨在以高尚的科学家精神激励广大青少年立志高远，不断奋斗。要想普及科技教育，培养科学家精神，就应当将屠呦呦这样的科学家的先进事迹和崇尚科学的精神多多写入教材，用身边的光辉事迹教育青少年学生，用新时代科学家精神培养青年一代。

弘扬科学家精神，要激发青少年的科学兴趣。研究表明，小学高年级是科学素质提升最快的时期，青少年时期正是科技人才成长的关键期。在基础教育阶段，应合理安排科学课程，加大科学实验、科学研究的课时量，让青少年能够更深刻地了解科学研究的过程，以更理性、更真实的态度来看待科学研究。推进校内外科学教育融合发展，通过参观、课题研究、与高校科研人员结对子等形式为更多的青少年了解科学实验和科学研究提供支持。

弘扬科学家精神，要提高科学教育水平。要提高教师科学素质和科学教育意识，深化教学方式改革，将求真务实、理性质疑、开拓创新等科学家精神融入课堂与教学，在青少年中宣扬追求客观真理、自由探索、理性质疑、执着求新等科学家精神。引导青少年敢于大胆假设和猜想，认真求证，不断试验。广泛开展科技节，科学营，科学阅读，科技小论文、小发明、小制作等科学教育活动。推进家庭科学教育，引导家长培养学龄前儿童的科学好奇心和想象力。将科技实践纳入中小学综合素质评价，开展未成年人科学素质监测评估，培养青少年的创新能力和实践能力。

7.2.4　科学家精神的生动实践

案例 7-1　　　　　　　　**许身深潜，科研报国**

1958 年，我国批准核潜艇工程立项。初期研制工作主要依靠苏联提供部分技术资料。1959 年，苏联提出中断对中国重要项目援助，对中国施加压力。在此背景下，曾有过仿制常规潜艇经历、毕业于上海交大造船系的黄旭华被选中参加中国第一代核潜艇研制。

许身深潜
科研报国

为研制核潜艇，新婚不久的黄旭华告别妻子来到基地。后来他把家安在了小岛上。为了艇上千万台设备，上百公里长的电缆、管道，他要联络全国24个省市的2 000多家科研单位，工程异常复杂。那时没有计算机，他和同事用算盘和计算尺演算出成千上万个数据。1964年，黄旭华终于带领团队研制出我国第一艘核潜艇，使中国成为世界上继美、苏、英、法后第五个拥有核潜艇的国家。

1988年，核潜艇按设计极限在南海做深潜试验。黄旭华亲自下潜水下300米。在水下300米时，核潜艇的艇壳每平方厘米要承受30千克的压力，黄旭华指挥试验人员记录各项有关数据，并获得成功，成为世界上核潜艇总设计师亲自下水做深潜试验的第一人。此后，黄旭华把接力棒传给了第二代核潜艇研制人员，致力于为核潜艇的研制献计献策，促进国家和地方的科技发展与人才培养。作为核潜艇技术领域的带头人，黄旭华率领团队开展了一系列重点型号研制，培养锻炼了一大批优秀的科技人才，其中包括中国工程院院士1位、船舶设计大师2位、中国船舶重工集团公司首席技术专家2位、核潜艇工程总设计师1位、型号总设计师7位、型号副总设计师30余位。

黄旭华曾先后多次获得国家科学技术进步特等奖、全国科学大会奖等，为国防事业、为我国核潜艇事业的发展做出了重要贡献。

长期以来，由于严格的保密制度，黄旭华不能向亲友透露自己实际上是干什么的，也由于研制工作实在太紧张，参加核潜艇研制工作近30年中，他没有回过一次老家探望双亲。母亲从63岁盼到93岁才见到儿子一面，而没有回去探望病重的父亲和二哥，则成了黄旭华一生无法弥补的遗憾。

资料来源：隐姓埋名三十年潜心为国铸重器.新华网，2017 - 12 - 15.

分析

黄旭华正如感动中国颁奖词所描述的，"时代到处是惊涛骇浪，你埋下头，甘心做沉默的砥柱；一穷二白的年代，你挺起胸，成为国家最大的财富。你的人生，正如深海中的潜艇，无声，但有无穷的力量。"黄旭华赫赫而无名的人生彰显了我国老一辈科研工作者没条件创造条件，搞科研不等不靠；爱岗敬业，以身试险开先例；传道育人当好"场外指导"的科学家精神。黄旭华寄语青年一代，"高精尖是买不来、求不来的，只能立足国内、自力更生"。他希望年轻人勤于奋斗，勇于创新，敢于担当，百尺竿头更进一步。

案例 7 - 2　　　　　　　**把一切献给你，我的祖国**

作为国际知名的战略科学家，黄大年知道，真正的核心技术是买不来的。中国虽然拿到了新一轮世界科技竞赛的入场券，但必须牢牢抓住创新这个"弯道超越"的机遇。7年时间里，他带领科研团队突破国外高精度探测装备技术封锁，推动中国真正进入"深地时代"。作为伟大的人民科学家，他不仅为我们留下了彪炳史册的科学成就，还留下了弥足珍贵的精神财富。黄大年精神集中体现在心有大我、至诚报国的爱国情怀，教书育人、敢为人先的敬业精神，以及淡泊名利、甘于奉献的高尚情操。以黄大年为代表的科学家精神，在华夏儿女心中点燃了一座巍峨的火炬，更烛照着科技强国的未来。

黄大年始终把国家利益作为最高利益，把民族复兴作为最高追求，把人民满意作为最高褒奖，用炽热爱国情怀和崇高民族气节，谱写了感天动地、撼人心魄的爱国诗篇，彰显了爱国知识分子心有大我、至诚报国的爱国情怀。对祖国的热忱，对祖国科技进步的渴望，早已成为他内心的"情结"。他的同学毛翔南至今仍珍存着1982年黄大年24岁时写在他本上的赠言："振兴中华，乃我辈之责。"

有人把黄大年称作"拼命黄郎"，因为他把所有的时间都贡献给了工作。他连续熬夜，通宵达旦工作即便忙碌到数次晕倒，仍旧坚持"深部探测关键仪器装备研制与实验"，哪怕生病住院在急诊室，也在思考着"移动平台深部探测技术装备研发"。

他去世之前的时间表是这样的：2016年11月28日晚，北京飞往成都途中，因腹部痉挛昏迷，到成都简单治疗后，又出现在第二天的会场上；12月4日，在长春做完检查后，赶往北京；12月8日，被大夫强制留在医院住院，他从第二天起分批次召集学生来病房上课，安排工作，第三天，他还给校领导发短信说："争取两周内重返岗位，治疗期间不会影响工作。"

求索进取是黄大年一生科学实践的生动写照。他在科学登攀的路上永不满足、永不停滞、永不懈怠，将全部生命融入国家和民族的伟大事业，达到了无我的价值状态和超凡的人生境界，身体力行书写了教书育人、敢为人先的敬业精神。

非淡泊无以明志，非宁静无以致远。在黄大年身上，人们感受到一个知识分子心无旁骛、潜心钻研的学术品格。他以出世的态度为人处世，不计得失、坦坦荡荡；以入世的态度做事履职，兢兢业业、恪尽职守。其所思所行，如同一股清流，让学术变得单纯，让人生更加纯粹。黄大年对个人名誉、头衔毫不在意，对国家利益却看得很重。他掌握着数以亿计的项目经费，从来不搞"拉关系""请托说情"那一套。他不仅自己以身作则，还耐心教导学生"耐得住寂寞、坐得住冷板凳"。对祖国的热爱、对理想的执着、对科研的专注，让黄大年摆脱名缰利锁，自由驰骋在科技报国的广阔天地。

资料来源：让科学家精神烛照未来 写在黄大年逝世两周年之际. 立德树人网，2019-03-06.

分析

以身许国、淡泊名利是黄大年富有人格魅力的高洁品行。在他心中，国为重、家为轻；科学最重、名利最轻。不讲索取、讲奉献，不要待遇、要作为，黄大年这种高尚品行和乐观态度贯穿一生，他以淡然率真的人生态度诠释了一个人民科学家淡泊名利、甘于奉献的高尚情操。

案例 7-3 夜空中最亮的星

2020 年 7 月 31 日，"北斗三号"全球卫星导航系统正式开通，这标志着我国建成的独立自主、开放兼容的全球卫星导航系统可以为全球用户提供服务。

2011 年 10 月，中国第二代卫星导航系统重大专项试验卫星工程启动。"首发星是最大的考验，那时压力非常大。"林宝军说，有上百项关键技术等待研发。

当时这支队伍只有 81 名成员，平均年龄 31 岁。林宝军说："大部分人是第一次干，大家信心满满，像是打了鸡血。"这支队伍里，年轻人已经担当重任，前辈们仍身体力行。年逾六旬的沈学民原本要退休了，但知道这支队伍需要他，沈学民义不容辞担起了"北斗三号"卫星系统副总设计师一职。

每次卫星发射时，按照导航卫星的飞行程序安排，卫星发射前 50 分钟需将卫星与地面测试连接的脱落电缆插头及火工品星表插头拔掉。此时，卫星位于发射塔架的最高处，离地面高达 70 米，拔完插头后又要在 5 分钟内通过简易步梯快速撤离现场。

因为发射前要求静默，所以没有电梯可用。而火箭就在脚下冒着"白烟"随时待命发射，这对人的身心是极大的挑战。为确保任务的顺利完成，沈学民从第一颗导航卫星开始，每次发射都是亲自率队上塔。沈学民对年轻的成员说："我年纪大了，万一有什么突发事情，你们先撤，我断后。"

历时 11 年，这支团队通过技术创新，攻克了 53 项关键技术，取得了"功能链"设计理念、基于相控阵的 Ka 星间链路技术、无缝切换时频基准、龙芯 CPU 等多项创新性突破，实现关键器部件 100% 国产化，彻底扭转了卫星关键器部件依赖进口、受制于人的局面。从此，北斗的目标从"保三争二"改为比肩超越 GPS。"'北斗三号'全球卫星导航系统开通只是万里长征迈出的第一步。"林宝军表示，"我们一定会管好用好已在轨的北斗卫星，并为下一代导航卫星继续奋战。"

资料来源："我们应该叫'北斗战神队'！".科学网，2020-09-23.

分析

苍穹之下，几代北斗人经过近 30 年的探索实践，见证了北斗系统从无到有、从有源定位到无源定位、从服务中国到全球组网的发展历程。选择自力更生、自主创新的道路，需要志气和勇气，更需要执着和热忱。世事百幻，心志如一，北斗人始终坚持"自主创新、团结协作、攻坚克难、追求卓越"的精神，用匠心打造精品，创造出"中国北斗"一个又一个奇迹，他们，就是夜空中最亮的星！

案例 7-4 科学启明星

2021 年 1 月 28 日，中国科学院院士王绶琯先生走完了 98 岁的人生历程，告别了这个他充满眷恋的世界。为表彰王绶琯院士对天文学作出的突出贡献，浩瀚的星空中有一颗"王绶琯星"。

科学启明星

王绶琯院士为青少年科普教育事业倾入大量精力和心血。从古稀至耄耋，二十载科教、二十载树人，他亲自设计活动规则，考查评议学生，联络专家对学生进行指导，动员北京高校、科研院所对中学生开放。在他的动员联络下，王乃彦、郑哲敏、黎乐民、匡廷云、林群、周立伟、朱邦芬等800多位著名的院士专家加入进来，100多个实验室常年向中学生开放。

王绶琯院士是北京青少年科技俱乐部创始人。20世纪90年代，在本该颐养天年的年纪，他感于当时青少年科技人才培养状况，反躬自问："作为前辈的我们这一代人，是否也有失职之处？如果关心多一点、主动一点，这种状态会不会有所改变？"带着为国家培养杰出创新人才的责任感和使命感，他致函数十位院士和专家，呼吁共同开展"北京青少年科技俱乐部活动"，为有志于科技事业的青少年成长搭桥铺路。这一提议得到了钱学森等60位科学家的积极支持，1999年6月，他们发起成立了北京青少年科技俱乐部。从此，有潜质的"科学苗子"在成长的关键阶段，有了一个走向科学殿堂的平台。20年间，先后有5万多名中学生参加了俱乐部的活动，其中约3 000人走进178个科研团队及国家重点实验室参加"科研实践"进所活动。俱乐部早期会员洪伟哲、臧充之等已成为国际科学前沿领军人物，钱文峰、丛欢等在科研上已经能够独当一面。

资料来源：弘扬甘为人梯育人精神　让科学之树枝繁叶茂.科学网，2021-02-02.

分析

为表彰王绶琯院士对天文学作出的突出贡献，1993年，紫金山天文台将3171号小行星命名为"王绶琯星"。在无数青少年的心中，他就是一颗"科学启明星"。作为我国天文学界的泰斗、射电天文的奠基人，他为我国天文研究事业做出突出贡献；他甘为人梯、奖掖后学的育人精神，也成为培养科技创新后备人才的宝贵遗产。

 课后研讨与实践 ///////////////////////////////////

1. 培育与弘扬新时代科学家精神的核心要点包括哪些？

2. 目前，我们应当如何有效地推进科学家精神的宣传工作？

3. 对于在校青少年，我们应该采取哪些有力措施来开展科学家精神教育？

4. 新时代科学家精神的杰出代表，除了教材讲述的例子外，你还了解哪些？可以在课堂上积极讨论，或者在课后与同学分享和交流。

5. 新时代科学家精神与个人的成长成才之间有着怎样的辩证关系？请从学习、实践和社会责任等多个方面进行探讨，更好地把握科学家精神的内涵与意义。

6. 关于科学家精神的核心内涵，为何强调其底色是胸怀祖国、服务人民的爱国主义精神？

第 8 章

"爱拼才会赢"的个体创业者精神

▶ **知识目标:** 了解个体创业者精神的发展历程;掌握个体创业者精神的内容;理解新时代个体创业者精神的内涵与意义;了解"爱拼才会赢"的个体创业者精神的实质。

▶ **能力目标:** 以个体创业者为榜样,培养学生继承、发扬和践行"大众创业、万众创新"的创业精神。

▶ **价值目标:** "坚韧不拔的创业精神、敢为人先的创新精神、兴业报国的担当精神、开放大气的合作精神、诚信守法的法治精神、追求卓越的奋斗精神"是个体创业者精神的生动诠释,我们应以个体创业者精神为引领,发挥榜样作用,促进学生继承和发扬创业精神。

知识脉络图

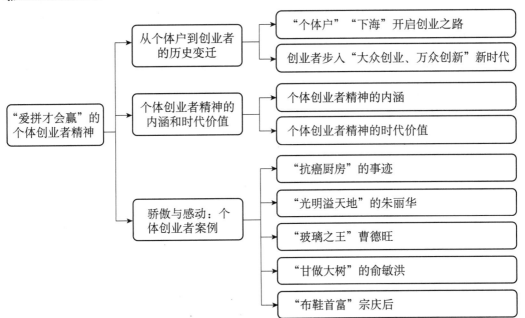

"爱拼才会赢"一词出自一首脍炙人口的闽南语歌曲。"爱拼才会赢"的"爱"在闽南话中就是要，意思是要拼才会赢，努力争取、坚持不懈才能取得成功。这首歌激励人们要敢想敢干，即使失败也不怕，从头再来，勇于面对每一个困难。只要敢于发扬敢打敢拼、拼搏进取的精神，总有一天会赢得成功，这种精神恰恰反映了个体创业者艰苦奋斗、勇于打拼的性格特征。

《爱拼才会赢》中有一句歌词最为经典，并广为传唱："三分天注定，七分靠打拼，爱拼才会赢"。几十年过去了，"爱拼才会赢"的拼搏精神已成为中国精神的一个组成部分，其传达的奋斗品质和拼搏精神，已经成为广大个体创业者的奋斗支柱和精神财富。

8.1 从个体户到创业者的历史变迁

8.1.1 个体户"下海"开启创业之路

"个体户"和"下海"这两个具有时代烙印的词语源于 1983 年，原劳动人事部、国家经济委员会联合下发《关于企业职工要求"停薪留职"问题的通知》，《通知》中明确以"保留铁饭碗"作为优惠条件鼓励国有企事业单位人员"下海"经商，自主创业。以后，"下海"这个词迅速在中国大地上流行开来。随之，个体户也应运而生，经历了一个从无到有、从少到多的发展过程。

1. 个体经济被正式认可

个体经营户是指在国家法律允许范围内，以个体劳动为基础，从事工商经营活动的自然人或者家庭，其劳动成果归劳动者占有和支配的一种经营单位。在改革开放初期，由于受计划经济的影响，"个体户"属于弱势群体，往往被认为是文化水平低、社会地位低的群体，受到"吃国家粮、铁饭碗"意识的严重排斥和不认可，常常被划入"投机倒把""二道贩子"之列。甚至还有一种观念，将他们与西方资本主义联系起来进行批判。

关于"个体户"的认识，曾经有一个典型案例：1979 年广东省高要县有一位农民叫陈志雄，为了生计主动承包了村里的鱼塘，因为生意做得很好，1980 年，陈志雄夫妇扩大再生产，鱼塘扩大到 141 亩地，人手短缺，需要雇人。当时他们雇用了 5 个临时工，工日从 400 个发展到 1 000 个。引起当时媒体的高度关注，甚至《人民日报》也在 1981 年 5 月就此事刊登了《关于一场鱼塘的争论》的专题文章，提出了"雇工算不算剥削"的时代论题，并开辟专栏进行持续报道，引起了社会的广泛关注。

为了加快改革开放的步伐，1980 年 5 月，国家决定在广东和福建两省实行对外开放的"特殊政策"，同年 8 月，国务院批准在深圳、珠海、汕头、厦门试办"以市场调节为主的区域性外向型经济形式"的经济特区。经济特区的出现，市场经济在中国大地开始萌芽，那些有创业想法和创业能力的个体开始更加积极地投入生产活动。党的十二大报告肯定了"社会主义国营经济在整个国民经济中占主导地位"，但同时又明确提出："在农村和城市，都要鼓励劳动者个体经济在国家规定的范围内和工商行政管理下适当发展。"这是新中国成立以来首次在党的全国代表大会报告中明确提出鼓励个体经济发展，并且实施范围从"城镇"扩展到"农村"。为了明确"个体经济"的地位，1982 年12 月 4 日，五届全国人大第五次会议通过的《中华人民共和国宪法》，其中第十一条明确规定："在法律规定范围内的城乡劳动者个体经济，是社会主义公有制经济的补充。国家保护个体经济的合法的权利和利益。"从那个时候起，个体经济得到了社会普遍认可，同时也播下了中国个体经济的萌芽之种。

2. 个体户角色的转变

在国家政策扶持下，个体户在改革浪潮中赚取了第一桶金，成了那个时代的富人——"万元户"，受到榜样的影响，越来越多的人开始逐渐转变传统观念，由最初的不认可、不屑一顾到后来的羡慕和模仿。随着个体户的发展壮大，一个又一个的商业奇迹推动着民营企业不断发展壮大。四川希望、青岛海尔、深圳华为等一大批民营企业，正是在这一时期应运而生，开辟了中国民营经济的新纪元。

民营企业的发展有赖于国家政策的支持，当年在安徽省芜湖市有位叫年广九的个体户，因为脑子灵活，抓住了商机，他经营的"傻子瓜子"畅销全国，在 20 世纪 80 年代中期，就赚了 100 万元，成为轰动一时的知名个体户。他的发家致富引起了当时许多人的反对，爆发了长时间的争论。邓小平在 1992 年南方谈话中说："安徽出了个'傻子瓜子'，当时许多人不舒服，说他赚了 100 万，主张动他。我说不能动，一动人们就会说政策变了，得不偿失。"

那个时期另外一个个体企业成功的案例是四川希望集团刘永好和他的几个同胞兄弟。刘永好家境贫寒，为了解决温饱问题，无奈之下在马路边摆摊修理家电，短短几天就赚了 300 多元，在当时相当于 10 个人 1 个月的工资。这让几个兄弟看到了希望，开始满怀信心地研究如何将小生意做大。1982 年，兄弟四人经过反复商议，大胆变卖家产筹集到 1 000 多元，来到古家村创业，从养鹌鹑开始艰苦奋斗。在经历火灾、濒临破产等一系列磨难后，刘氏兄弟决定扩大养殖规模，逐渐成为当时四川新津县远近闻名的养殖大户。到 1988 年，他们的养殖场已经年产 15 万只鹌鹑，为了扩大经营范围，经过充分的市场调研，他们毅然拿出攒下的 200 万元，兴建了当时国内最具规模的"希望饲料研究所"，专门生产新型乳猪饲料，并于次年 4 月获得成功，质量和产量超过中外合资生产的饲料。

年广久和刘永好是 20 世纪 80 年代中后期真实的"商业神话"，是那一时期中国民营企业家中的佼佼者。1994年出版的《中国私营经济年鉴》中，高度评价刘永好四兄弟是"中国私营企业的排头兵"。1978—1986年，中国个体经济从起步到迅猛发展，年均增长达到74.6%。1987年8月5日，国务院发布《城乡个体工商户管理暂行条例》，条例的颁布为发展和管理个体私营经济提供了更加明确的基本政策和法规依据，个体工商户无论数量和规模开始迅速发展壮大。

个体经济因为规模较小、经营灵活、适应面广的特点，成为国有经济和大中型企业的有益补充，大量分布在与老百姓生活息息相关的行业，尤其是第三产业的服务行业，包括手工制作、食品加工、建筑行业等领域，个体经济在这些服务行业的出现极大满足和丰富了国人的生活。同时个体经济在服务社会、发展自身的同时，也为国家财政税收做出了巨大贡献。有许多个体商户通过自身不断努力，逐步发展成为拥有成百上千人的民营企业，经营规模也从最初的个人经营逐渐转变为公司制企业、合资企业、独资企业，民营经济初具规模。

3."下海"淘金时代

1992年，邓小平在视察武昌、深圳、珠海、上海等地后，发表了重要讲话，提出了关于社会主义市场经济的基本观点和"三个有利于"标准，大胆突破了单纯用生产关系作为衡量标准的做法，将生产力和经济发展摆在特别重要的位置，改革开放路线再次被确认，同时也为非公有制经济尤其是个体私营经济的健康发展消除了思想上的障碍和认识上的误区，中国民营经济开始步入发展与壮大的快车道。

受到邓小平同志南方谈话精神的鼓舞，许多原来在政府机构、科研院所的具有稳定工作的干部纷纷主动放弃安逸的生活，下海创业，先后出现了以冯仑、王功权、陈东升等为代表的一大批民营企业家。这一轮的下海潮，从某种意义上来说，更像是一次社会精英的"淘金潮"，与之前自发的个体商户相比，这批人具有更加清晰明确的发展理念和规范意识。1991年，王文京在原有"用友软件服务社"的基础上，重新注册"用友"并成立有限责任公司。体制里积累下的人脉也成为他们初期重要的客户资源，并得到不断拓展。6年后，用友销售收入就突破了1亿元。2008年王文京登上胡润中国IT富豪排行榜第6位。王文京曾总结改革开放带来的最大变化："原来你没得选择，毕业后分到一个单位，一辈子不动，现在改革开放了，你可以选择了。"

4.互联网企业腾飞时代

1998年被称为中国互联网时代的元年，搜狐、腾讯、百度、网易、阿里等大批以互联网技术为核心的目前中国最知名的互联网公司几乎全部诞生在这个时期。这个时期的个体创业者人才济济、星光璀璨，他们大多拥有高学历、高水平、高能力，张朝阳、马化腾、李彦宏、丁磊等一大批互联网时代的宠儿，都是在这个时期完成创业，并迅速占领了互联网市场。因为他们的规范意识、法律观念，其企业随着改革开放的发展而逐渐壮大，不仅没有遇到产权不清的麻烦问题，也没有遭受计划经济的束缚。他们在市场经济的浪潮中放手一搏，迅速赶上了中国互联网时代的快车，成为中国互联网世界的业界精英。

2002 年，党的十六大报告再次明确提出毫不动摇地鼓励、支持和引导非公有制经济发展方针。六届四中全会上也提出了"正确处理坚持公有制为主体和促进非公有制经济发展的关系，使两者在社会主义现代化建设进程中相互促进、共同发展"。2005 年，国务院正式发布《国务院关于鼓励支持和引导个体私营等非公有制经济发展的若干意见》，该意见全面总结归纳了国家近年来推动个体私营等非公有制经济发展的方针、政策和措施，同时该意见的提出也标志着我国个体私营等非公有制经济的发展进入一个全新的历史时期。这一时期，"非公经济 36 条"、《企业所得税法》《物权法》等相关政策法规密集出台，有力促进了非公有制经济发展的政策体系和法律体系日益完善。

5. 民营经济进入新时代

自 2008 年全球金融危机至今的十余年间，全球经济发展出现了两大特征：一是互联网经济的技术变革周期逐渐结束，新的产业变革仍在黎明前的黑暗中摸索；二是"反全球化"成为新的趋势。这一时期，制造能力低下与消费水平升级之间的冲突，中国经济的全面崛起与世界经济新秩序的变革，给民营企业带来发展机遇的同时，也增加了不确定因素。

"造车大王"李书福曾认为："造汽车不就是四个轮子加上两张沙发吗？"2008 年吉利汽车销量 20 万辆，销售额不到百亿元，国内汽车厂家排第 10 位，市值只有 2 亿美元，而李书福的目标是收购欧洲"贵族"汽车品牌——沃尔沃。2008 年李书福第一次见到福特 CFO 雷克莱尔时，翻译花了近半个小时才让雷克莱尔弄明白吉利想做什么。雷克莱尔听后，只是了了的一句话："沃尔沃是不打算卖的。"然而两年后，当吉利成功收购沃尔沃的消息爆出来的时候，就像引爆了一颗原子弹。

从计划经济到市场经济，从个体商户到商业巨子，时代的变迁赋予每个时代的民营企业家在自己的时代形成独有的特色和胸襟。纵观中国改革开放大潮中一代又一代的弄潮儿们，他们有的大获成功、收获敬仰，有的中途失败、后又东山再起，还有的折戟沉沙、再无音讯。不管是哪一种，他们的敢闯敢干、努力拼搏的创业精神给世人留下了很多启发，他们都在中国商业史上留下了自己多彩的印记。

8.1.2　创业者步入"大众创业、万众创新"新时代

2014 年 9 月 10 日第八届夏季达沃斯论坛在天津开幕，时任国务院总理李克强在致辞中表示，中国将依靠改革创新，增强经济发展新动力。他满怀信心地表示，要在中华大地上掀起轰轰烈烈"大众创业""万众创新"的新浪潮，形成"人人创新""草根创新"的新势态，要把"创业、创新"视作中国新常态下经济发展"双引擎"之一。

2018 年 9 月 18 日，国务院正式下发《关于推动创新创业高质量发展打造"双创"升级版的意见》。在当年 12 月，由国家语言资源监测与研究中心、商务印书馆、央视新闻等单位联合举办的"汉语盘点 2018"中，"双创"当选为年度经济类十大流行语。当前我国正处在"大众创业，万众创新"的新时代，"双创"中有挑战更有机遇，敢于滴下辛勤的汗水，就有望迎来丰收的希望。

创业，是推动社会经济发展的不竭原动力，同时也是个体实现人生价值的重要途径。创业需要良好社会环境的鼓励与支持，也需要个体创业能力的极大发挥，更需要自身创业精神的支撑。创业精神是创业活动的助推力，同时也是创业者践行创业实践的强大精神力量。

"大众创业、万众创新"必将成为中国经济未来增长的不熄引擎，中国有 14 亿人口，其中 9 亿多劳动力，孕育着超过 7 000 万家企业和个体工商户，这些厚实的家底就是我们无穷创造力的根源。"双创"的主体是万千大众，大学生创业是"万众创新"的重要力量，我们应鼓励大学生勇于开拓创业，走创新驱动之路，不断开展科技研发和成果转化，用知识铺就成功之路。

随着网络速度大幅提升、移动通信终端广泛普及、生产管理的自动化程度提高，"互联网＋"创业模式逐渐成熟，而且众筹风投新商业形态的出现让普通人有了更多的创新创业机会，越来越多有梦想的人有了广阔的平台施展拳脚。通俗来讲，"互联网＋"就是"互联网＋传统行业"，但不是两者直接的简单相加，而是互联网与传统行业进行深度融合，推动创造新的发展生态。近些年来，"互联网＋"的影响已经渗透到生产生活的方方面面，我们耳熟能详的电子商务、互联网金融、在线旅游、在线影视、在线房产等新增行业都是"互联网＋"的杰作。"互联网＋"作为一种新的经济形态，是互联网思维的进一步实践成果，不仅代表一种先进的生产力，而且推动着经济形态不断地发生演变。个体创业者要把握住时代的脉搏，紧跟时代的步伐，充分发挥互联网在生产要素配置中的优化和集成作用，不断将互联网的创新成果深度融合到经济社会各领域之中，逐步提升实体经济的创新力和生产力，形成更广泛的以互联网为基础设施和实现工具的经济发展新形态。

2015 年政府工作报告中首次提出制定"互联网＋"行动计划，重点促进以云计算、物联网、大数据为代表的新一代信息技术与现代制造业、生产性服务业等的融合创新，发展壮大新型业态，打造新的产业增长点，为"大众创业、万众创新"提供环境，为产业智能化提供支撑，增强新的经济发展动力，促进国民经济提质增效升级。这些将让真正有创业意愿的人能够拥有自主创业的机会，让创新创造的血液在各行各业自由流动。目前国家正处于改革开放的深水区和转型期，要充分发挥中国人民勤劳智慧的"自然禀赋"，掀起一个"大众创业""万众创新"的新浪潮，让中国经济持续发展的"发动机"持续更新换代。

课后研讨与实践 ////////////////////////////

1. 从个体户到创业者的历史变迁经历了哪几个阶段?

2. 为什么说互联网时代为个体创业者增加了更多创业机会?

8.2　个体创业者精神的内涵和时代价值

精神是人类的内在灵魂,是引导人奋进,鼓舞人拼搏的力量。个体创业是一个艰难的过程,也是一件具有挑战性的工作,在创业的过程中必然会遇到数不尽的困难。如果没有对梦想执着追求的精神,创业者就不会有工作的激情和热情,创业之梦只能是昙花一现。在当前这个"大众创业、万众创新"的时代,创业者精神属于每一个有创业梦想的人。

在日新月异的时代,存在各种不确定性,从企业到个体已不再一成不变,墨守成规已很难行得通。只有不断主动求变,鼓足改造自身的勇气,及早适应才能坦然面对现实的变化。每个人不应该受到地域、年龄或性别的束缚,应该学会用发展的眼光看待这个世界,要不断磨炼接受挑战的素质,主动迎接一切挑战。个体创业者没有准入的标准,也没有统一的定义,任何具有创业梦想的人,不要坐等变革发生,要去主动制造变革。

8.2.1　个体创业者精神的内涵

1. "敢于第一个吃螃蟹"的勇于尝试精神

螃蟹外形可怕,人们没有真正了解它之前,它是一个新生事物,敢于第一个吃螃蟹的人需要莫大的勇气,所以人们经常用"第一个吃螃蟹的人"来称赞那些有勇于创新、敢于尝试新事物的人。鲁迅先生也曾称赞:"第一次吃螃蟹的人是很可佩服的,不是勇士谁敢去吃它呢?""第一个吃螃蟹"应该说是一种冒险行为,难吃有毒抑或营养美味? 在风险和机遇并存的情况下,能够勇敢地跨出第一步,从而脱颖而出,成功抓住机会,是一种创新,值得我们推崇和学习。

个体创业者
精神的内涵

网络中流传着这样一个段子:1998 年腾讯说 QQ 是人脉财富,如果你没有第一时间注册,你现在可能会错过一个 5 位数的 QQ 号卖几万元;2003 年阿里巴巴说淘宝免费开店,如果那时候你没有开店,现在你就可能错过成为百万富翁;2009 年新浪说微博如果你没有及时开通,现在的你可能会错过价值千万的大 V。虽然是几句戏谑的笑话,但是其中蕴含着抢占先机的观点,不无道理。如果要在这个日新月异的时代抓住商机,就要敢于做"第一个吃螃蟹的人"。事实证明,谁敢做"第一个吃螃蟹的人",谁就有可能成为时代的王者。在个体商战中,如果只会单纯地去模仿,就会步步落后,永远处于追赶的境地。要创新,就要敢于做其他人想不到的事情,做其他人不敢做的事情。人类只有不断地创新和出奇,才能将当初被认为是异想天开的事情变为现实,才能推动社会的发展。

第一个吃螃蟹的人的意义就是敢为人先,敢于为大家打头阵!当然,勇敢的背后,有可能是危险,也有可能是巨大的财富,因为在没吃到嘴里之前,谁也不知道会不会被螃蟹夹到。只有足够勇敢,才能成为"第一个吃螃蟹的人"。如果从人类和社会发展的角度来分析,敢于身先士卒的人有牺牲精神,因为第一个吃螃蟹的人是有风险的,但也只有勇于尝试才能推动社会的进步。第一个吃螃蟹的人不知道接下来的命运会是怎么样,也许是好,也许是坏,但是只要你勇敢地迈出这一步,等待你的一定是另一番景色。

2."摸着石头过河"的稳妥探索精神

"摸着石头过河就是摸规律,从实践中获得真知。"要发展,就要有逢山开路、遇河架桥的精神,锐意进取,大胆探索,敢于和善于分析回答现实生活中和群众思想上迫切需要解决的问题。"摸着石头过河"的稳妥精神与"逢山开路、遇河架桥"开拓精神,都是在开辟前进道路时采取的有效方法,两者之间有着深刻的内在联系。

中国特色社会主义事业的改革创新发展,是在深入研究总结我国建设中的成功经验与失败教训基础上进行的,要有极大的科学理论水平与政治智慧,靠的就是"摸着石头过河"的睿智和韧劲;创造中国改革开放新形势,在新的历史发展起点上发展中国特色社会主义事业,必须充分发挥与时代同步的开拓创新精神和不怕艰险的政治气魄,更要靠"逢山开路、遇河架桥"的闯劲和拼劲。"摸着石头过河"与"逢山开路、遇河架桥"在方法论问题上是相同的,都反映了尊重现实、追求真实的社会主义政治品质。

在改革开放四十余年一以贯之的接力探索中,中国发展前进的每一步都是尊重客观规律、艰辛开拓、迎难而上的过程。20世纪80年代初期,我们党尊重农业生产力发展规律和人民群众愿望,从农民自发包产到户的成功中获得启发,在我国实行家庭联产承包责任制,开辟了中国农业社会主义经营责任制的改造之路,并在建立经济特区过程中,进一步探寻了中国经济发展的变革之道。四十余年来,我们党以"逢山开路、遇河架桥"的强大政治魄力,在抢抓国家发展的重要战略机遇中登险峰、涉深水、开坦途,走过了西方发达国家上百年的发展历史。在全新的历史时代,怎样在尊重客观规律的基础上牢牢抓住机会而不是错失机会,是需要认真对待的重要策略问题。"摸着石头过河"要求探索实干的勇敢、毅力和奉献精神,"逢山开路、遇河架桥"则要求开好路、架好桥的才智和胆略,两者都必须弘扬求真务实的敬业精神,都反映着用科学发展的方式解决社会前进过程中的问题的基本思想。

当前，随着我国改革开放进入深水区，经济发展中遇到了大量的新问题，我们更要发扬求真务实的创业精神，既勇于在社会实践中趋利避害、探索前行，又敢于大刀阔斧、创造性地处理问题，把中国特色社会主义事业继续推动前行。经济全球化为中国既提供了发展机会，也提出了巨大挑战。中国共产党承载了民族复兴的历史使命，实现这一任务必须有敢于承担、不断创新求变的时代精神。没有成熟的改革经验可学习，唯有通过"摸着石头过河"，以一边探索一边改革、一边改革一边探索的方式螺旋上升、波浪前进，才能抓住历史发展中的客观规律，取得中国改革开放的一个又一个丰硕成果。

3. "爱拼才会赢"的顽强拼搏精神

"三分天注定，七分靠打拼，爱拼才会赢"这句歌词之所以广为传唱，就是因为它鼓励每个人要一直保持一颗敢于拼搏、执着奋斗的心，它指引每一个怀揣梦想的人一路披荆斩棘，到达成功的彼岸。

在茂盛的树林中，由于上层的树叶太过茂密，阳光根本无法穿透树叶间的缝隙，树下的常春藤为了获取阳光而奋力抓住树干不断向上攀爬，它用纤细的枝条紧紧地抓住树干，一米、两米……一直向上永不停息。它从不惧狂风骤雨，为了心中的目标，再苦再累，也从无怨言，终于，它到达了树顶，迎来了期盼的阳光。虽然在攀爬中它会伤痕累累，疲倦不堪，但它获得了梦寐以求的阳光，它的拼搏获得了成功！常春藤能够一路艰辛到达梦想的彼岸，正是因为敢于拼搏，它用实际行动向我们证明了"爱拼才会赢"。

"拼搏"是一种勇气，也是一种精神，它给予人拼搏进取的力量。苏联作家奥斯特洛夫斯基身患重病依然笔耕不辍，《钢铁是怎样炼成的》才能问世；德国作曲家贝多芬面对命运不公倔强地抬起头，《命运交响曲》才能奏响。对于怀揣远大梦想的我们，更应该拥有一颗勇于拼搏的心。在人生的道路上，我们需要不断坚持，不断努力，才会成为最后的赢家，而这一切坚持的动力源泉就是那一颗"拼搏"的心。拼搏是一种精神，一种信念，一种高贵的品质，一种不可或缺的人格，无论在何时、何地，拼搏都是最难能可贵的精神。

其实，每个人都有一颗"拼搏"的心，只是面对挑战时能够坚持"拼搏"到底的人很少。能够带着"拼搏"的勇气敢于向困难发出挑战，是拼搏的表现；在拼搏的过程中不惧任何艰险坚持"拼搏"下来，才是拼搏的体现。当一个人热爱"拼搏"后，他将注定一路向前，无所畏惧。"有志者事竟成，破釜沉舟，百二秦关终属楚。苦心人天不负，卧薪尝胆，三千越甲可吞吴。"敢于拼搏，勇于拼搏，热爱拼搏，放手拼搏，才能不断筑梦辉煌，"爱拼才会赢"！

4. "向更加美好生活出发"的创业创新精神

经济社会发展的不同水平，决定了不同时代对美好生活的衡量尺度不同，但不管以怎样的标尺来评价人们对美好生活的追求，这些向往都是促进经济社会发展的最基本力量，同样也是经济社会发展中所要追求的基本目标。改革开放四十余年来，随着中国的经济社会发展水平不断快速提高，社会已全面脱贫，国家实力明显提升，但同时民众对生活的要求也赋予了越来越广泛的文化内涵，从而出现了社会主体性矛盾的巨大变化。我们一定要紧随时代脚步，把实现广大民众对美好生活的追求当作奋斗目标，当作干事创业的出发点和落脚点，继续促进经济社会朝着更为良好的方面发展。

（1）从人类社会发展史看美好生活。

纵观人类历史，不管是苏格拉底、柏拉图、亚里士多德等，还是传统的儒家文化都曾对未来理想生活展开探讨，并建构了理想的生活境界。《共产党宣言》中提到"无产阶级的运动是绝大多数人谋利益的独立运动"。中国共产党人革命斗争的出发点和落脚点，是为了体现好、保护好、发挥好最广大人民群众的基本权益，中国共产党人的最大志向和目标便是要实现共产主义，而共产主义正是人类最伟大的社会，生产水平高度发达，社会财富极其丰富，人民拥有最高的思想觉悟，把劳动当作人类生存的第一要求，从而促进了人的自由全面的发展。

（2）从社会生活范围看美好生活。

人民美好生活需要日益广泛，不仅对物质文化生活提出更高要求，而且在民主、法治、公平、正义、环境等方面的要求日益增长。由此可见，中国人民所追求的幸福是更为全面的幸福，不仅是物质上的满足，而且更是一个精神上的满足，是一个基于物质基础之上的对社会上层建筑的更全方位、更多层次的要求。中国基本解决了全国十几亿人的温饱问题，社会物质生产所创造的生活满足感也进一步得到了实现，从而延伸出对更多的"美好生活"向往。

（3）从可持续发展看美好生活。

中国人民所向往的"美好生活"是一种可持续的美好，习近平总书记在十八届中央政治局常委同中外记者见面时的讲话中指出："我们的人民热爱生活，期盼有更好的教育、更稳定的工作、更满意的收入、更可靠的社会保障、更高水平的医疗卫生服务、更舒适的居住条件、更优美的环境，期盼孩子们能成长得更好、工作得更好、生活得更好。"人民对美好生活的向往是一个不断发展的过程，美好生活其实没有明确的标准，它会随着人民生活水平的提高不断得到改变，人民所向往的"美好生活"一定是持续发展变化的美好，如果离开了持续发展，如今的美好在未来也会由于各种原因变得不再美好。要满足人民这种向往的可持续美好，就必须奋发图强、改革创新，不断推动社会的方方面面向着更高层次的美好发展。

5. "炊香万灶烟"的助人济世精神

"爱心助人，善举济世"，没有人是生而伟大，他们只是敢于挺身而出的凡人，也许他们没有经天纬地之力，他们或许无法像星星那样发光闪亮，却至少能像萤火虫一样，用一束束金色微光，照亮身处困境中人的坎坷之路。也许正是他们的这份坚守，让每一个受困之人热泪盈眶，他们的坚守犹如寒冬的一抹金色暖阳，足以汇聚成融化寒冬冰雪的力量，让处于困境中的人们充满希望走出窘境。

"炉子烧起来了，火就不能灭。"万佐成夫妇在江西省肿瘤医院旁边一条狭窄小巷里开办的"爱心厨房"，十八年如一日，为来自全国各地在此寻医问药的病人家属近乎免费提供锅碗瓢盆、炉灶煤火、油盐酱醋，仅象征性地收取 1 块钱成本费冲抵开销，目的只为了让病人、病人家属吃上热气腾腾的"家的味道"。一年 365 天的忙碌无休、执着中的坚守，源自他们内心的善良和义举。

一条"暖洋洋"的巷子，成为病人及患者家属抚慰心灵的温暖港湾。为了让患者家属能够根据需要随时炒菜做饭，就算不是饭点的时间，"爱心厨房"也会让炉灶烧着煤，冒着火苗，宁可浪费一点，也不愿让患者久等。

一面写满"有故事"的墙，成为万佐成老两口继续前行的精神力量。"帮到了病人我们就开心。"他们的事迹感动了人们、温暖了社会。许许多多受到帮助的人主动把自己的电话号码写在墙上，诚挚邀请他们一定要去做客。日复一日，年复一年，斑驳的墙上不同笔迹的电话号码写得密密麻麻，每一个电话号码都对应着一段暖人的记忆。万佐成夫妇当选为"感动中国 2020 年度人物"，荣登"中国好人榜"，他们的家庭也被评为"全国文明家庭"。

8.2.2 个体创业者精神的时代价值

创业者精神是指在创业者的主观世界和意识思维中，那些具有开创性的思想、观念、个性、意志、作风和品质等，是一个个创业者的理性认识和行为模式。在创业者队伍中，占比最大的是个体创业者，他们不像企业家那样，具有呼风唤雨的能力，但是他们的创业行为却在刺激经济增长和创造就业机会方面具有更重要的时代价值。

个体创业是一种社会创业实践、经济发展模式，具有鲜明时代特色的创业精神，其蕴含的文化涵养、精神塑造和价值引领对于新时代经济社会转型发展，对于中国特色社会主义新时代的复兴发展、推动构建时代发展的新格局具有重要的文化贡献力、精神塑造力和价值引领力。

1. 时代精神的鲜明特质在于"创业精神"

精神文化体现社会综合发展中重要的软实力，其最大的特质和显示度在于"创业"文化、"创业"精神。著名经济学家钟朋荣曾概括个体创业者精神为四句话：白手起家、艰苦奋斗的创业精神；不等不靠、依靠自己的自主精神；闯荡天下、四海为家的开拓精神；敢于创新、善于创新的创造精神。在中国特色社会主义新时代，文化建设是"五位一体"总体布局的重要组成部分，精神文化对政治、经济、社会以及生态文明建设发展起着重要的滋养、推动和引领作用。

2. 中国精神最大贡献在于"创业精神"

创业精神是中国时代精神的重要组成部分，有人将个体创业者精神概括为著名的"四千精神"——走千山万水，吃千辛万苦，想千方百计，说千言万语。弘扬坚韧不拔的创业精神、敢为人先的创新精神、兴业报国的担当精神、开放大气的合作精神、诚信守法的法治精神、追求卓越的奋斗精神，是对新时代个体创业者精神的提炼和概括，是经典的"四千精神"的升级版，也是大力弘扬企业家精神背景下，全体个体创业者在新时代的发展和奋斗的精神旗帜。

3. 转型发展的价值引领在于"创业精神"

在中国特色社会主义新时代，无论是从经济、商业的视角而言，还是从文化、观念、精神的层面来看，活力无限的个体创业者凭着"拼命三郎"的闯劲，"白天当老板，晚上睡地板"的创业精神，在市场经济大潮中创造了商业奇迹。立足新时代，如何提升"千方百计提升品牌、千方百计保持市场、千方百计自主创新、千方百计改善管理"的企业"新四千精神"，进一步激发民间与市场的活力，是新时代个体创业者创业精神的应有之义，也是他们的心声，时代的呼唤。

4. 丰富市场经济的形式在于"创业精神"

近年来，个体经济的快速发展极大地丰富了市场经济的内涵和外延，为个体创业者提供了更大的舞台。虽然个体经济的起点和规模较小，但可以积少成多、积"微"成"大"，整体市场规模并不小，市场前景未可限量。个体经济的门槛低、形式灵活、可受益性强，为个体增加收入、提升生活品质提供了更多的机会。个体经济在创业精神的驱动和国家政策扶持下，将进入更快发展阶段，不但个体经济从业者能从中受益，还能给中国经济带来新的活力，丰富市场经济的形式。这不仅有利于缓解就业压力，激活和拉动消费增长，也有利于培养创新创业精神，进一步壮大我国市场经济的规模和力量。

综观个体创业者精神的时代价值，清晰可见其与传统文化基因一脉相承。新时代，与时俱进推进个体创业者精神的丰富和发展，对于提升文化软实力、促进经济社会转型发展具有重要的理论与实践意义，对于丰富和发展创业精神，培育和践行社会主义核心价值观，发展社会主义先进文化具有重要的理论与实践意义。

课后研讨与实践

1. 通过学习，总结"爱拼才会赢"的个体创业者精神的核心是什么。
2. 个体创业者的精神内涵包括哪些方面？
3. 个体创业者的时代价值主要包括哪些方面？

8.3 骄傲与感动：个体创业者案例

怀揣梦想的人很多，能够有勇气踏出创业这一步的人很少，如果能在众人嬉笑嘲笑下仍能坚持己见，不言放弃，就更是难能可贵了，不管最终是成功还是失败，他们都是时代的英雄。

个体创业者的
骄傲与感动

创业是艰难的，需要历经很多无法预知的困难，面对他人的否定和误解，还要独自承受压力和孤独，应对各种不确定性。创业具有确定性，就像在未知的路上摸黑前行，前行的道路是不清晰的，要不断地摸索，不断地认知，不断地修正，在不确定性中做前人没有尝试过的事情。创业也是一件考验心智的事，创业者在失败中磨炼自己的心智，度过一个个至暗时刻，只有那些内心坚定、充满阳光的人，才能在震荡的时代浪潮中坚守初心，坚定方向。只有在跌宕起伏的坚持中，不抛弃，不放弃，才能发现更多的新机遇，创造更多的可能性，直至获得成功。这样的创业者值得被尊重，值得被认可；这样的创业者一定会为自己曾经的努力感到骄傲。

👤 案例 8-1　　　　　　　"抗癌厨房"的事迹

在江西省南昌市青山湖区学院路 123 号，有一间被称为"抗癌厨房"的露天厨房。这间厨房坐落在与江西省肿瘤医院一墙之隔的小巷里，在这里做饭的都是肿瘤医院的病人家属。每到饭点，这间厨房就会挤满来自各地的炒菜做饭的人，每每这时候，升腾的热气和油烟气，忙碌的切菜和炒菜声，让这间小厨房充满了独特的人间烟火气。

这间"抗癌厨房"的创办者是年过六旬的万佐成和熊庚香夫妇，他们在这个巷子里原是摆摊炸油条的。2003 年发生的一件事改变了万佐成、熊庚香夫妇二人的生活。一天，有一对夫妻来到摊前，他们怀着试一下的心态询问熊庚香能否借用一下炉灶，他们想让患病的孩子吃到妈妈亲手做的菜。看到孩子妈妈伤心的样子，熊庚香爽快地答应了。

很快，"肿瘤医院旁巷子里有个地方可以炒菜"的消息就传开了，很多病人家属都慕名而来。每天来借炉子炒菜的病人家属越来越多，从十几个到几十个，一直到后来的上百人。据不完全统计，现在每年有 1 万多人次来这里做饭。

邵慧慧是一个陪父亲治病的 26 岁的姑娘。为了更好地照顾患肺癌的父亲，陪父亲治病，慧慧义无反顾地辞掉广州的工作回到江西，并在抗癌厨房附近租了一间房子。慧慧和她的妈妈每天都会到厨房给父亲做饭，只为让父亲吃好饭。"医院里面有食堂，但比自己做饭更贵，爸爸也不喜欢吃。"慧慧每天都变着花样给父亲做菜，"父亲是我们家的顶梁柱，现在就像天塌了一样。我们姐妹商量，无论多难，都要给父亲治病。"

在这个厨房里，还有一个"厨神"邹大哥。之前邹大哥在家里很少下厨，都是妻子做菜。直到两年前，不幸降临到这个家庭，邹大哥的妻子被查出宫颈癌，在他妻子病情恶化和反复治疗中，正常的家庭生活发生了很大变化。

自从邹大哥带着妻子来到南昌治病，他就成为"抗癌厨房"常客。一开始，他并不会做菜，但在万佐成夫妇和病友的帮助下和不断的练习中，他的厨艺大增，不仅自己能做出美味的菜肴，还经常帮助其他病友做菜，成为这个厨房里公认的"厨神"。邹大哥说，"因为癌细胞转移，我老婆现在完全离不开我。"所以，他每天上午就把全天的饭都做好了，只是希望妻子每天都能吃得好，让她心情更好一些。

抗癌厨房里的每一道菜，虽然不是山珍海味，却凝聚着人世间最朴实、最真挚的父母之爱、子女之孝、夫妻之情，更寄托着人们希望亲人早日康复、回归平常生活的希望。"有的病治不好，但让病人吃好，家属的遗憾就少一些。"万佐成说。

最开始，"抗癌厨房"为前来做饭的病人家属免费提供炊具和调味品。后来，"抗癌厨房"规模不断扩大，排在两边的煤炉已经达到30多个，每天用掉的蜂窝煤就达100多个，水费20多元。面对万佐成夫妇的善意，来做饭的病人家属都过意不去，他们提出要付钱做饭。万佐成夫妇为了让病人家属们能够安心做饭，同时也为了维持一些最基本的开销，他们决定炒一个菜收5角钱。这个收费标准直到2016年才变成1元钱。

寒来暑往，年复一年，"抗癌厨房"18年来未曾打烊。在这18年里，万佐成每天早上4点准时起床，来到厨房后就开始用木柴给煤炉生火。等到上午9点厨房一切准备就绪，便迎来第一批客人，直到晚上八九点钟，才送走最后一位做菜人。即使进京领奖，夫妇二人也不愿耽误太久，只是离开了两日。"将近20年了，我们和病人家属已经互相离不开了。"万佐成说，"他们离开了我们，吃饭会比较困难；我们离开了他们，也会感到寂寞。"

在当地政府的大力支持下，"抗癌厨房"如今焕然一新。墙面贴上了整洁的瓷砖；支起了透明的顶棚，做饭的时候风不吹着、雨不打着，不用担心雨水落尽锅里；置物架满满地摆放着好心人送来的锅碗瓢盆……来做饭的病友们有一个心愿，就是希望这个厨房能一直办下去。它虽然简陋，但只要有它在，就感觉有一个家。

这么多年过去了，万佐成、熊庚香夫妇无法记住前来做饭的所有人的姓名，但他们夫妇却被这些病人家属铭记在心。很多病人家属在离开时把自己的姓名和联系方式留在墙上，希望万佐成夫妇二人日后能到他们家里做客。日子久了，那面被油烟熏得发黄却布满密密麻麻电话号码的墙面，便成为厨房里的一道亮丽风景。

近年来，万佐成、熊庚香夫妇的感人事迹受到社会各界广泛推崇。2018 年 2 月，夫妇二人荣登"中国好人榜"；2021 年 2 月，获评"感动中国 2020 年度人物"；2021 年 11 月，当选第八届全国道德模范。

迎来送往的时光里，万佐成、熊庚香夫妇花白了头发，皱纹爬满了面容，却坚持为病人和家属传递着"吃饱饭"的信心、"活下去"的勇气。人间百味，抵不过"家"的味道。他们十几年来的坚守，守住了癌症病人们的一抹阳光，守住了小巷子里的一片温情，让病人和家属在这里暖和一秒是一秒，开心一分是一分。

分析

我们在被万佐成夫妇无私奉献的善良感动的同时，也被无数癌症患者坚强而温暖的精神和不屈而勇敢的力量所打动，那一张张为生命呐喊的面孔，让我们每一位共情者为之泪目。

案例 8-2　　　　　　"光明溢天地"的朱丽华

朱丽华在 18 岁之前眼睛正常，那时的她学习成绩优秀，有体育特长，梦想着考上大学。可是，18 岁那年的意外事故导致她双目失明。她曾痛不欲生，度过了多年的暗淡时光。

一次偶然的机会，她从电台中得知张海迪的故事，从中获得力量，立志要做一个"身残志不残"的对社会有用的人。于是，她参加了盲人中医推拿班，在这里她生活得很开心，也学到了很多有用的东西。学成之后，她被安排了推拿的工作，帮助很多需要帮助的人，这让她感受到自己的价值被体现出来，也让她更加确定要把一生奉献给这个可以帮助他人、证明自己的事业。她从此刻苦学习中医推拿技术，之后考取中医师资格证，成为嘉兴市首位也是截至目前唯一的一位盲人中医师。

为了帮助更多的人，为社会多做贡献，她开了一家诊所，免费收徒弟，并且提供他们吃住，但是有一个要求就是他们必须是盲人。因为她觉得盲人更需要帮助，更需要一个工作得到别人的尊重。在她的带动下，100 多名残疾人获得就业机会。此外，她还捐赠贫困学子，把自己省吃俭用攒下来的钱全都捐赠给了需要的人。1990 年南湖革命纪念馆筹建，在嘉兴市倡议的"我为南湖争光辉"捐款活动中，朱丽华当时一个月的工资只有 58 元，她捐款 116 元；2006 年南湖革命纪念馆筹建新馆，朱丽华再次捐款 1 万元；2008 年汶川大地震，朱丽华缴纳 10 万元"特殊党费"支援灾区……1991—2019 年，朱丽华捐助的资金达 373 万元，帮助了 480 名孩子圆了上学梦。朱丽华 1994 年 10 月入党，她到哪儿都戴着党徽，她对自己共产党员的身份很自豪。她常常把"既然入了党的门，就要做好党的人"这句话挂在嘴边，落实在行动中，把自己一生辛劳的报酬都奉献给了社会。

现在，朱丽华的事迹已传遍全国，她先后获得"嘉兴市优秀共产党员""浙江省道德模范""浙江省慈善奖""年度全国残疾人事业新闻人物""浙江骄傲"等荣誉，中共嘉兴市委印发《关于开展向朱丽华同志学习的决定》，召开朱丽华事迹报告会。与此同时，她通过各种慈善平台帮助 46 名大学生圆了大学梦；给 50 多户贫困户捐资改造卧室，让他们温暖过冬；专程到四川阿坝黑水县，给那里的乡村小学购买热水器，让孩子们能洗上热水澡；2020 年 2 月，朱丽华通过嘉兴市残联向全市 1.1 万名低保残疾人捐赠口罩 11 万只。

在"2019 年感动中国十大人物"颁奖盛典上，白岩松深情地读着颁奖词："不幸关上了你的门，但你却帮别人打开了窗。看见过这世界的阴影，但却还是面向光明。在黑暗中靠自己的一双手，推拿出灿烂人生。世界上最美丽的东西，看不见也摸不着，但你能感受到。她就是捐助了数千名贫困学子，帮助百余名残障人士走上就业岗位，也帮助无数患者缓解了他们的病痛，感动着许许多多中国人的盲人中医师朱丽华"。

分析

朱丽华虽然无法看到这个世界，却依旧热爱着这个世界，关心着这个世界，她努力工作赚钱不是为了自己过得更好，而是为了帮助更多需要帮助的人，她的付出和她的劳动更有意义。她把一生的财富都捐给了贫困学子，她把自己的毕生所学毫无保留地教给了和她拥有相似命运的人。这就是朱丽华，自己看不到这个世界，却还是把自己的一切都奉献给了这个世界，让更多的人可以好好地看到这个美好的世界。这就是她的无私奉献，这就是她能感动中国的原因。

🔲 案例 8-3　　　　　"玻璃之王"曹德旺

曹德旺，福建省福清人，现为福耀玻璃工业集团股份有限公司创始人、董事长。1987 年成立的福耀玻璃集团，目前是中国第一、世界第二大汽车玻璃供应商。曹德旺从 1983 年开始至 2020 年，个人累计捐款已达 110 亿元。2009 年 5 月，曹德旺荣获号称企业界奥斯卡之称的"安永全球企业家大奖"，成为首位华人获得者。

2016 年 9 月，曹德旺荣获"第三届全国非公有制经济人士优秀中国特色社会主义事业建设者"荣誉称号；2018 年 9 月，他入选"世界最具影响力十大华商人物"；同年 10 月 24 日，他入选中央统战部、全国工商联"改革开放 40 年百名杰出民营企业家名单"。2020 年 11 月 28 日，曹德旺当选"2020 中国经济新闻人物"；2021 年 2 月 4 日，他入选"中国捐赠百杰榜"课题组发布的十年致敬人物；2 月 8 日，他成功获评"2020 十大经济年度人物"。这一系列荣誉就是对他最大的认可和肯定。

创业经历

曹德旺 9 岁上学，14 岁被迫辍学，为了生计他做过很多工作，在街头卖过烟丝、贩过水果、拉过板车、修过自行车，艰难的谋求生活，让他尝遍了人世的艰辛和困苦。这种精神和肉体的双重苦难并未击垮他，而是磨炼了他的意志，让他鼓足勇气、充满毅力地不断与命运抗争。

1976 年，曹德旺在福清高山镇异形玻璃厂当采购员，他的主要工作是对外推销水表玻璃。由于连年亏损，这家企业濒临破产倒闭。1983 年，曹德旺经过多番考察论证，毅然接手了这家濒临破产的乡镇小厂。1985 年，曹德旺决定将公司转向汽车玻璃领域，正是由于他的这个决定，彻底改变了中国汽车玻璃一直以来百分之百依赖进口的历史。

1987 年，曹德旺成立福耀玻璃有限公司；1993 年，福耀玻璃成功登陆国内 A 股，成为中国第一家引入独立董事的公司，也是中国股市现金分红是募集资金高达 26.2 倍的上市公司。2001—2005 年，曹德旺带领福耀团队艰苦奋战，斥资一亿多元，打赢了与加拿大、美国的两个反倾销案，震惊世界。因此，福耀玻璃也成为中国第一家状告美国商务部并赢得胜利的中国企业，2006 年美国商务部部长访华时，点名约见曹德旺，一定要与打败他们的中国企业家见见面。

福耀公司生产的汽车玻璃占中国汽车玻璃 70％ 市场份额的同时，还成功打入国际汽车玻璃配套市场，在竞争激烈的国际市场中占据一席之地，先后成为宾利、奔驰、宝马、路虎、奥迪等国际品牌重要的全球配套供应商。福耀是世界第二大汽车玻璃厂商，在美国、德国、俄罗斯相继设厂。

保持优秀的企业家

多年来，福耀集团每年都会投入巨额研发费用，其中的一些高新技术产品代表当今世界最高的制造水平，并拥有独立的知识产权。曹德旺曾骄傲地说："我们要为中国人做一片自己的汽车玻璃，这片玻璃要代表中国人走向世界，展示中国人的智慧，在国际舞台上与外国人竞争。"

2009 年 5 月 30 日，在摩洛哥蒙特卡洛举行的颁奖大典上，曹德旺从来自世界 43 个国家 10 000 多名企业家中脱颖而出，荣获有着企业界奥斯卡之称的"安永全球企业家奖"，这也是该奖项设立 23 年来，首位华人企业家获此殊荣。而曹德旺在随后的颁奖典礼获奖感言，更令全世界动容，"我必须保持优秀，否则会造成羞耻"。兴邦强国从我做起。曹德旺一直认为，一个成功的企业家应该有三个社会责任：国家因为有你而强大，社会因为有你而进步，人民因为有你而富足。

怀揣感恩之心，回报社会

曹德旺成为一名杰出企业家之后，开始用自己的方式回馈社会。"人要有良心，我对社会始终抱着感恩的心态，我是通过自己的力量来帮助社会。"据胡润慈善榜不完全统计，从 1983 年至今，曹德旺个人捐款已累计达 110 亿元。"尽管捐了上百亿的钱，但我认为自己是企业家而不是慈善家。财富只是我在马路边捡到的东西，拿出来跟大家共享一下。"

作为一个民族企业家，曹德旺在一次采访中说："我是一个没有大本事的人，也算不上国家的栋梁之材，我只想把企业做好，让企业帮助更多的人，只要国家需要，我随时可以把福耀集团奉献给我的祖国。"曹德旺身上集中体现了几千年来炎黄子孙沉淀下来的最宝贵的精神财富：勤劳、善良、正直、尽责、正义、大爱、忠诚、爱国，这些也正是新时代的中国精神！

分析

曹德旺年少经历人世间的酸咸苦辣，但人生的这些艰难，不仅没有击倒他，反而造就了他不服输和执着奋进的品格。曹德旺乐善好施，不惜拿出自己名下几乎一半的财富来做慈善。他从不行贿，也不徇私，所有的成就都是源于自己的辛苦付出。在有生之年，曹德旺帮助过那么多的人，拥有内心的宁静与富足，这就是曹德旺一直追求的人生意义，他要做那个内心永远坚韧，永远赤诚的人。

案例 8-4　　　　　"甘做大树"的俞敏洪

俞敏洪，北京新东方学校创始人，国内著名的英语教学与管理专家，1980 年考入北京大学西语系，本科毕业后留校任教，1991 年辞职创业，开始深耕民办教育领域。现任新东方教育科技集团董事长兼总裁，曾被媒体评为最具升值潜力的十大企业新星之一，20 世纪影响中国的 25 位企业家之一。

创办新东方

1980 年，经历两次高考折戟的一个来自江阴市葫桥村的小伙子终于考上了北京大学西语系。1985 年，俞敏洪本科毕业后留在北大任教。为了能够实现自己留洋的梦想，赚取到出国的费用，他不得不利用休息时间办英语培训班，但也因此被北大处分，无奈之下他选择离开北大。从北大辞职，俞敏洪断了自己的退路，如何进行自我调整是首要问题。他反复斟酌，开始相信商业的力量。他思索着如何将自己和自己的培训班推销出去。

俞敏洪的起家非常不可思议，而且颇具戏剧性：一间只有 10 平方米的破屋，一张破旧的桌子和一把废弃的椅子，一堆用毛笔写的小广告，一个刷广告的胶水桶。北京的冬天异常寒冷，他骑着自行车在狂风怒号的冬夜穿梭在北京的大街小巷贴广告。

教师出身的俞敏洪只靠三招就在教育培训行业打下了自己的江山，充分展现出自己的商业才能。一是价格战，当时类似的培训收费大都在 300 到 400 元，俞敏洪只要 160 元，并且是在 20 次免费试听之后，如果试听不满意就不用交钱；二是推出核心产品，他的成名之作《GRE 词汇精选》；三是情感营销，他的授课方式幽默有趣，并在授课的过程中向学生渗透人生哲理，展开成功学式的励志教育，从而深深地吸引了学生。俞敏洪认为自己的成功与做过老师有关:"老师做企业家是比较容易成功的。因为我们理解人性,知道如何满足学生的要求。"

俞敏洪的三条路

俞敏洪曾经给自己规划了三条路:第一条路,一直留在新东方,打死也不走,一直干到 80 岁,干到自己干不动了;第二条路,慢慢从这个位子上退下来,然后过轻松逍遥的日子,到世界各地旅游,写写读书笔记或者旅游笔记,像徐霞客那样度过后半生;第三条路,为穷苦孩子办一所真正的私立大学。他常说:"我们每个人都应该像树一样成长,即使现在什么也不是。但只要你是种子,即便被踩到泥里,十年、二十年之后,你一定能长成参天大树。当你长成参天大树以后,你能给人带来一片绿色、一片荫凉。你能帮助别人,即使人们离开,回头一看,你依然是地平线上一道美丽的风景"。

2021 年 11 月 4 日,俞敏洪在朋友圈转发了一篇关于新东方发布的捐赠桌椅的文章,并附上一个简短的留言:教培时代结束,新东方把崭新的课桌椅捐献给了乡村学校,随着卡车一同驶去的还有近千万教育领域从业者的青春。教培行业的黄金时代随着"双减"政策的到来,彻底结束了。但俞敏洪助力众多学子成就了梦想,真正成为一棵奉献一片绿色、献出一份荫凉的大树。

2009 年 CCTV 年度经济人物颁奖词曾这样评价俞敏洪:一个曾经的留级生,让无数学子的人生升级;他从未留过洋,却组建了一支跨国的船队。他用 26 个字母拉近了此岸和彼岸的距离。胸怀世界,志在东方。这就是一个善于在演讲中激励学生的"圆梦大师",一个没有一点架子、任由员工"开涮"的亿万富豪,一个创业伙伴们骑到他头上却不得不服气的校长。

分析

俞敏洪的成功和辉煌不只是一个传奇的个案,而是代表了那个时代、一个群体的挣扎、不屈与抗争。在过去的三十年里,新东方在起起落落中见证了中国从一个刚刚建成社会主义市场经济体制的国家,国人仰望欧美的时代,成为一个经济大国,国民自信心不断在提升的时代。

案例 8-5 "布鞋首富"宗庆后

2024 年 2 月 25 日,娃哈哈集团官方发布讣告:娃哈哈集团创始人、董事长宗庆后同志,因病医治无效,于当天 10 时 30 分逝世,享年 79 岁。作为改革开放后我国第一批民营企业家、改革开放 40 年百名杰出民营企业家、浙商群体的标杆性人物,数次登榜中国首富的娃哈哈创始人宗庆后,在初春时节走完了自己传奇的一生。站在宗庆后的人生终点往回看,以 42 岁为分界线的一生,正如同当年他操

爱拼才会赢的
个体创业精神
宗庆后

着一口"杭普"，在电视节目中娓娓道来的那段话——"回头看呢，则在灰蒙蒙的一团中，清晰地看到了一条路，路极长，是我一步一步地走过来的。"

"1987年的五一劳动节，天气有些闷热，42岁的我骑着自行车出了家门，准备干一件冒险的事——靠借来的14万元，去接手一家连年亏损的校办企业。"宗庆后本人曾定义为"冒险"的这件事，就是娃哈哈的开始。当时只有3个人的校办企业经销部主营业务是代销汽水、棒冰及文具纸张。由于另外两名员工是退休教师，宗庆后需要亲自蹬三轮车送货，秉持着薄利多销的理念，宗庆后在杭州市上城区40多所中小学和幼儿园树立起很好的口碑，销售网络逐渐建成，生意慢慢好了起来。如今在娃哈哈的官网里，还展示着一张记录了那段时光的照片：在一群小学生中间，宗庆后骑着三轮车，留下一个穿着朴素浅棕色汗衫的背影。

1991年，仅有100余人的杭州娃哈哈营养食品厂，有偿兼并了拥有2 000多名职工的国营老厂——杭州罐头食品厂。宗庆后用自己的成功经验，仅在3个月后，就让原本资不抵债的杭罐厂扭亏为盈，当年娃哈哈销售收入、利税增长了一倍多，第二年销售收入就达4亿元、利润7 000多万元。他独创的"产销联合体"模式，成为中国消费品企业发展经销商渠道的标杆范本。

宗庆后的创业起点很低，没有学历，没有资金，没有家庭背景，没有创业投资，只有靠双手去创造。这样的首富，是人人都能学习，人人都能模仿的首富。宗庆后在自己的传记中写道："我是一个普通人，从底层崛起的凡人。幸运的是，我生于一个大时代；更幸运的是，我获得了一个机会，缔造了一家公司，得到了价值的实现与认同。"

宗庆后是"爱拼才会赢""四个千万"浙商精神的最佳代言人：从马目农场的超负荷劳动，到绍兴茶场的高强度工作，他一干就是14年。创业后，他每天7点上班，晚上11点下班，几十年从不间断。一年365天，他有超过200天的时间或奔走在全国各地的生产基地和一线市场。宗庆后后来感慨地说："我用脚来丈量中国的市场，深入穷乡僻壤、犄角旮旯，在水里火里、摸爬滚打，这就是娃哈哈成功的'秘密武器'"。

分析

"昂然"的宗庆后，如今走完了自己拼搏奋斗的一生。宗庆后的成功，一靠眼光和勇气，二靠能吃普通人难以想象的苦，三靠持之以恒的勤奋。宗庆后的创业故事被誉为"励志大片"，他从卖冰棍的小贩起步，凭借坚持不懈的努力和一定的机遇，最终三次问鼎中国首富的宝座。他的故事激励了无数人，展现了他的坚韧和智慧。

 课后研讨与实践 ////////////////////////////////

1. 个体创业者精神的内涵包括哪些方面？

2. 分析本章个体创业者的案例，你从中获得哪些收获？

3. "大众创业，万众创新"对你的择业观有什么影响？

第 9 章

民族院校劳动教育融合创新策略

▶ **知识目标**：把准民族院校劳动教育的定位与目标；掌握民族院校劳动教育融合创新的基本内容和策略。

▶ **能力目标**：培养学生对劳动教育融合创新策略的理解能力和实践能力。

▶ **价值目标**：加深学生对劳动教育重要性的认识，引导学生在劳动教育与实践中增强家国情怀和斗争精神，增强对"四个与共"的理解认识，铸牢中华民族共同体意识。

知识脉络图

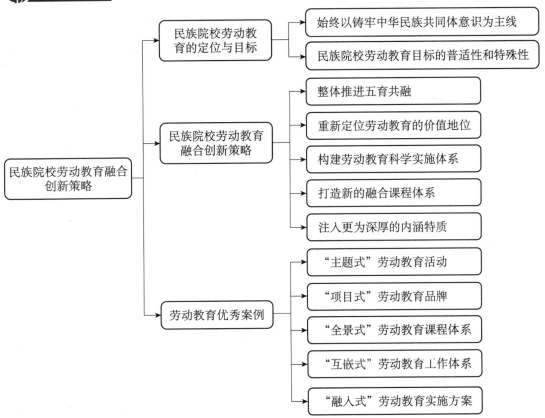

9.1 民族院校劳动教育的定位与目标

2018年9月10日，习近平总书记在全国教育大会上强调，"坚持中国特色社会主义教育发展道路，培养德智体美劳全面发展的社会主义建设者和接班人"。2019年11月，中央全面深化改革委员会第十一次会议审议通过《关于全面加强新时代大中小学劳动教育的意见》（以下简称《意见》），强调"劳动教育是中国特色社会主义教育制度的重要内容，直接决定社会主义建设者和接班人的劳动精神面貌、劳动价值取向和劳动技能水平"。2020年11月24日，习近平总书记在全国劳动模范和先进工作者表彰大会上强调："劳动是一切幸福的源泉"，"把劳动教育纳入人才培养全过程，贯通大中小学各学段和家庭、学校、社会各方面，教育引导青少年树立以辛勤劳动为荣、以好逸恶劳为耻的劳动观，培养一代又一代热爱劳动、勤于劳动、善于劳动的高素质劳动者。"党的二十大报告指出：要"深入实施人才强国战略……坚持尊重劳动、尊重知识、尊重人才、尊重创造，实施更加积极、更加开放、更加有效的人才政策……加快建设国家战略人才力量，努力培养造就更多大师、战略科学家、一流科技领军人才和创新团队、青年科技人才、卓越工程师、大国工匠、高技能人才。"由此可以看出，党和国家将劳动教育摆在了教育改革很突出很关键的位置，重视程度前所未有，为大力加强新时代劳动教育指明了前进方向、提供了根本遵循。

9.1.1 始终以铸牢中华民族共同体意识为主线

劳动教育肩负着实现国家教育理想、推进社会进步、促进学生全面发展的重任。民族院校劳动教育，除了具有上述使命外，在民族团结进步和铸牢中华民族共同体意识方面更应有其坚实的担当。2018年3月5日，习近平总书记在参加十三届全国人大一次会议内蒙古代表团的审议时指出，"加强民族团结，基础在于搞好民族团结进步教育，建设各民族共有精神家园。要深入践行守望相助理念，深化民族团结进步教育，铸牢中华民族共同体意识，促进各民族像石榴籽一样紧紧抱在一起，共同守卫祖国边疆、共同创造美好生活。"2023年10月27日，习近平总书记在主持中共中央政治局第九次集体学习时强调，"铸牢中华民族共同体意识，就是要引导各族人民牢固树立休戚与共、荣辱与共、生死与共、命运与共的共同体理念。要全面贯彻党的二十大部署，准确把握党的民族工作新的阶段性特征，把铸牢中华民族共同体意识作为党的民族工作和民族地区各项工作的主线，不断加强和改进党的民族工作，扎实推进民族团结进步事业，推进新时代党的民族工作高质量发展。"民族团结进步教育是民族院校的立校之本，铸牢中华民族共同体意识是推进新时代党的民族工作和民族地区各项工作高质量发展的主线，因而在民族院校开展劳动教育必须紧紧抓住这条主线，并一以贯之。

9.1.2　民族院校劳动教育目标的普适性和特殊性

新时代民族院校劳动教育，要依据《意见》和民族院校自身特点，进行精准定位，把准育人目标。国无德不兴，人无德不立。习近平总书记在全国教育大会上指出，要"把立德树人融入思想道德教育、文化知识教育、社会实践教育各环节，贯穿基础教育、职业教育、高等教育各领域"；指明"我们培养的人，必须树立共产主义远大理想和中国特色社会主义共同理想；必须具有爱国情怀，时刻不忘自己是中国人；必须坚持立德为先、修身为本；必须具有丰富学识、真知灼见、世界眼光；必须树立高远志向，具有勇于奋斗精神；必须具备德智体美劳综合素质，全面发展。"因此，民族院校劳动教育应以立德树人为终极价值导向，聚焦铸牢中华民族共同体意识的核心价值导向，在融合创新中实现劳动教育自身的基础价值。

西藏、新疆班（校）和少数民族预科班的举办，集中体现了党和国家以"共同团结奋斗，共同繁荣发展"为核心要义的民族政策，体现着党和国家对少数民族地区发展的高度关注和大力支持。站在新的历史起点上，继续对民族地区实施差别化支持政策，积极发展各级各类教育，加强现代文明教育，大力传播现代文明理念和行为方式，引导各族群众在思想观念、精神情趣、生活方式上向现代化迈进，大力推进中华民族共有精神家园建设，是推进新时代党的民族工作高质量发展的重要内容和途径。因而民族院校的劳动教育要始终紧扣铸牢中华民族共同体意识的主线，培育各民族学生为全面建设社会主义现代化国家而共同奋斗的共同理想和为实现中华民族伟大复兴的共同梦想。在铸牢中华民族共同体意识视域下对新时代劳动教育进行全面融合创新，不仅有助于高质量完成民族教育任务，促进各民族学生广泛交往交流交融，而且能在贯彻落实党中央全面加强新时代劳动教育行动中占得先机，做出表率。

基于民族院校的办学使命，劳动教育课程应着眼于三个具体目标：一是培养各民族学生"劳动最光荣、劳动最崇高、劳动最伟大、劳动最美丽"以及尊重劳动、热爱劳动的马克思主义劳动价值观；二是培养各民族学生适应社会发展需要的劳动素养和劳动精神，包括劳动意识、劳动习惯、劳动知识与技能、劳模精神和工匠精神等内容；三是培养各民族学生在劳动教育中铸牢中华民族共同体意识，做民族团结进步的忠实维护者和坚定践行者。三个目标互相包容渗透，不可分割。一为根本，二为所用，三为提升。

"劳动本身就是真善美相统一的实现过程"。因此，劳动教育课程要以德为重、以德为先，无论是劳动教育哪一个模块内容，都要围绕立德树人总目标来设计。劳动教育课程同样担负着课程思政的使命，是学校德育的重要途径之一，要通过劳动教育提升学生道德认知水平，培育学生吃苦耐劳、艰苦奋斗、勤俭节约等积极的思想情感和行事作风。同时要加强课堂教学主阵地和其他育人路径的融合衔接，利用好家务劳动、校园日常劳动、社会实践、志愿服务、勤工助学、研学考察等形式，引导学生在劳动锻炼和社会实践中磨炼意志，培养劳动习惯，提升劳动能力，塑造劳动精神。

"劳动直接面对现实任务，对人来说是满足需要的手段"，所以劳动教育课程建设目标之二就是要培育学生立足社会、适应社会发展需要的劳动素养和劳动精神。新时代，劳动教育面临人民群众对美好生活的向往日益提升，更有人工智能时代对新的劳动形态的催生。遵循劳动教育规律，引导学生养成良好劳动习惯刻不容缓。要组织和开展丰富多彩的劳动实践活动，让学生动动手、出出力、流流汗，接受锻炼、磨炼意志，助力劳动习惯养成和意志品质培养；鼓励学生用勤劳双手和诚实劳动创造自己的美好生活，在劳动中淬炼精神品格。劳动知识、劳动技能和一切在崇尚劳动、尊重劳动、热爱劳动、辛勤劳动、诚实劳动、创造性劳动意识和行动中形成的勤俭、奋斗、创新、奉献等优秀的品质、精神，都同属于劳动素养和劳动精神的范畴，是劳动教育的重要目标之一。还要注重结合学科专业开展生产劳动和服务性劳动，积累职业经验，引导学生通过亲历实践，获得劳动知识技能，懂得劳动创造幸福人生的道理，培育创造性劳动能力和诚实守信的合法劳动意识，把劳动素养、劳动精神培养与学生专业学习、职业规划等紧密结合起来，让学生能够自觉运用自身劳动知识与能力践行劳动，促进社会进步和发展。

民族院校劳动教育不同于其他普通院校，这是由其特殊的培养使命和学生特殊的民族成分构成所决定的。习近平总书记指出，"民族团结是各民族人民的生命线"，"船的力量在帆上，人的力量在心上。做民族团结重在交心，要将心比心、以心换心。各民族同胞要手足相亲、守望相助，共同维护民族团结、国家统一。"教育是促进各民族之间心灵交融、携手共进的基本手段，是加强民族团结进步的重要途径，民族院校更是重任在肩，责无旁贷。因此，民族院校劳动教育要紧扣民族院校办学性质和特点，在实施劳动教育的过程中铸牢中华民族共同体意识。正如前河北省省长胡春华到河北师范大学附属民族学院看望藏族学生时指出的，"要高度重视教育援藏的重要意义，努力把西藏选送的每一名学生都培养成优秀人才，使他们成为西藏建设的栋梁、民族团结的桥梁，政治上严要求，学习上高标准，生活上多关心，活动上多交流。"附属民族学院始终牢牢把握立德树人的根本任务，将劳动教育有机融合到民族团结进步教育中，用实际行动创建了全国民族团结进步的典范。

 课后研讨与实践 ////////////////////////////

1. 新时代民族院校劳动教育应该紧紧抓住什么主线？

2. 新时代民族院校劳动教育的目标是什么？

9.2　民族院校劳动教育融合创新策略

当今世界正经历百年未有之大变局，我国正处在中华民族伟大复兴的关键时期，民族工作面临着新的形势任务，这时候我们需要什么样的人才？习近平总书记在 2018 年全国教育大会上指出，我们的教育必须把培养社会主义建设者和接班人作为根本任务，要努力构建德智体美劳全面培养的教育体系。很显然，德智体美劳全面发展，共融并进，缺一不可。在全国高质量推进民族工作的宏观背景下，如何实现劳动教育与其他四育的融合创新呢？

民族院校劳动
教育融合创新
策略

9.2.1　从立德树人总目标出发整体推进五育共融

根据马克思、恩格斯关于人的全面发展理论，教育要培养全面发展的人，而教育实践本身又是内在一体的培育活动，之所以分为德智体美劳五个方面的素质目标，更多是从不同侧面把它划分为德育、智育、体育、美育和劳育。这种理论上的分离，却渐渐演化成了教育教

民族院校劳动
教育融合创新
策略

学实践中的分工分家。如中学教学副校长与德育副校长之分，大学各学院里教学副院长与学生工作副书记、副院长之分。正由于这种操作实践层面上的分工分割，才有重塑融合的必要，而这种融合原本就应该是整合一体的。"五育并举""五育共进""五育相融"等概念涌现，是针对教育管理者意识和行动中人为"剥离"的纠偏，是对原生态"五育一体"的本真回归。多条路径，多种手段，多个维度，同归立德树人总目标，整体推进五育并融，全面提升学生道德意志品质、家国情怀、思维创新能力、生命健康状态和劳动素养等综合素质，培育出有梦想、有才干、有作为、爱劳动、会劳动、能劳动、敢担当的时代新人。

9.2.2　从以劳育人的视角重新定位劳动教育的价值地位

一段时期以来，劳动的独特育人价值在一定程度上被忽视，劳动教育被淡化弱化，劳动教育是五育中的短板已趋向共识。在《意见》的指引下，学校要补齐劳动教育短板，重构劳动教育课程体系，从以劳育人的视角出发，重新审视劳动教育的价值地位，重新定位劳动教育与德智体美四育之间的关系。

在以劳育人的视角下，新时代劳动教育在五育中具有基础性地位和综合性价值。劳动教育强调正确劳动价值观的塑造，重视劳动素养、劳动精神等的培养，这些内容同属

于德育范畴；劳动教育重视劳动知识和劳动技能培育，又同属智育领域；劳动教育还直接指向身体锻炼、体力考验、意志磨炼等方面，与体育息息相关；劳动教育培养爱劳动、会劳动、用劳动创造美的人，具有得天独厚的审美价值追求，与美育紧密相连。这些目标内容既是劳动教育天生自带，又浑然渗透于德智体美四育之中。因此，劳动教育课程建设需要统筹联动，兼容共通，同时要以劳立德、以劳增智、以劳强体、以劳育美，发挥其基础地位和综合性价值，从而促进学生的全面发展。

9.2.3 从落实新时代民族教育工作要求的高度构建劳动教育科学实施体系

以智能信息为核心技术的第四次工业革命催生了大数据、人工智能、云计算等新兴科技，不仅颠覆了传统的生产劳动方式，也孕育了新的劳动形态和劳动内涵。劳动教育在这样特殊的背景下开始回归价值本原，自然具有了不同过往的新的时代内涵。因而民族教育工作者须立足于新时代大语境，深刻认识劳动教育既承担着促进各民族学生全面发展的使命，更肩负着实现国家教育理想、推进民族团结进步、铸牢中华民族共同体意识的重任，要站在时代高度构建劳动教育科学实施体系。

一是建立科学高效的劳动教育管理体制和机制。学校党委要加强对劳动教育的统一领导，把劳动教育纳入三全育人体系，构建"纵向垂直管理、横向协同配合"的劳动教育综合实施网络。党委书记、院长要亲自担任劳动教育工作领导小组组长，把劳动教育纳入"一把手"工程范畴。各部门各司其职又相互配合，既按照各自职责实行垂直管理，又相互交叉配合，实行横向协同管理，定期调研劳动教育效果，研究实施过程中出现的问题并及时解决改进。全体教职工全方位参与学生教育全过程，真正让劳动教育无处不在。二是贯彻落实党和国家"加强新时代大中小学劳动教育"的要求，修订完善各类人才培养方案，明确劳动教育内容和形式，构建符合校本特点的综合性、实践性和开放性相结合的劳动教育理论和实践体系，既有宏观层面的统一架构，又有不同层次的实施策略。三是建立一支专兼结合、以兼为主的劳动教育师资队伍。聘请劳动模范、技术能手、先进典型、专家学者、非遗传承人、优秀学科教师、学工人员、后勤服务人员等担任劳动教育特聘导师或劳动实践指导教师，保证劳动教育的专业化、科学性和普适性。

9.2.4 从"吃透"劳动教育新特征的角度打造新的融合课程体系

劳动教育要在新时代实现新发展，需要在劳动教育观念、知识体系和操作实践上重新整合打造。劳动教育课程要融合体力劳动与脑力劳动，融合传统意义上的劳动项目与新时代智能劳动项目，融合不同民族的劳动技艺和劳动习俗，融合课堂内外和学校内外等多种形式，形成内涵丰富、要素齐全、彼此关联、依序延展的课程模块，形成多维度多层面集综合性、实践性、开放性、针对性四位于一体的融合创新型劳动教育课程体系。

1. 劳动教育理论课程

劳动教育理论课程包括劳动与劳动教育通论，劳模精神、劳动精神和工匠精神，农民精神、医护精神、师范精神、科学家精神、个体创业者精神等不同专业技术岗位素养，民族传统技艺与文化传承等内容。劳动教育理论课程要紧密结合历史和当前社会文化，既要继承发扬中华民族传统劳动项目的优点，厚植中华民族热爱劳动、勤俭节约、艰苦奋斗的优秀精神品质，又要与时俱进，在创新发展中培养学生创新思维与创造能力，在理论濡染中涵养以爱岗敬业、争创一流、艰苦奋斗、甘于奉献为主旨的劳模精神；培育以崇尚劳动、热爱劳动、辛勤劳动、诚实劳动、创造性劳动为特征的劳动精神；培育以执着专注、精益求精、一丝不苟、追求卓越为主旨的工匠精神和以改革创新为核心的时代精神。

2. 劳动教育融合课程

劳动教育融合课程基于学科、专业特点，将劳动教育融入、渗透到思想政治教育、专业教育、创新创业教育、职业生涯教育等学科教学和各类教育教学活动中。首先要像课程思政一样，培养课程劳动教育的意识和观念，从无意识到有意识到高度重视再到付诸实践，需要一个渐进过程；其次要发掘学科教学过程中劳动教育的触发点和结合点，精心设计融合要素和过程，可以是与某一门课程的融合，也可以是与某一类学科领域的融合。如与思想政治课融合，着重于劳动价值观塑造和劳动精神的培养；与历史课融合，强调优秀传统文化的熏染和劳模精神、工匠精神的引领；与语文课的融合，突出劳动情感与人文精神的滋养；与物理、化学、生物等自然学科融合，侧重科技创新等创造性劳动内容和时代精神的启迪。让学生结合各门学科知识技能的学习，强化互动参与、亲历体验劳动实践，激励学生不仅热爱学习、创造、制作等特殊的智力劳动，而且热爱各种公益服务、耗力流汗的体力劳动。

3. 劳动技术课程

劳动技术课程包括探究式、项目式、主题式劳动实践活动及绘画、手工制作等创作特色鲜明的艺术实践课程。如通过一个项目任务、一个主题活动或一节艺术创作课程，使学生手脑并用，在合作探究中初步掌握某项劳动所需具备的技术知识和技能，在创作和劳动实践中培养创造精神，形成正确的劳动观点和良好的劳动习惯，从而促进学生全面发展。劳动技术课程的开设形式可以灵活掌握，可以开设专门的通用技术课程，也可以开设剪纸、绘画、书法、雕刻等专题的第二课堂或社团活动，锻炼学生的动手能力，提高学生的劳动技能。

4. 劳动实践课程

劳动实践课程包括以体力为主的劳动，体力和脑力相结合的劳动，以志愿服务、社会实践为依托的社会公益实践活动等。校园、家庭和社会是三大承载主体，在劳动实践课程中发挥着各自不同的优势和重要作用。学校是主导，家庭是基础，社会是支撑，要注重三者之间的整体性、一致性和互补性，核心目标要统一到崇尚劳动、热爱劳动、践行劳动等劳动价值观的培养，构建学校、家庭和社会三位一体整体育人网络。校园日常自我服务性劳动，如卫生责任区保洁、花草责任区护理等，勤工助学劳动、结对子帮扶等志愿服务活动，这些都是学生实现自我教育、自我管理和自我服务的很好形式，学校要精心规划劳动服务岗位，明确劳动服务内容、职责和标准，做好人员、时效、场地、工具、考核评价等方面的统筹管理。家庭空间里进行劳动实践有其独特的价值意蕴，各种家务劳动是学生实现自我健康成长的重要途径，也是中国优秀传统文化中孝道思想的彰显。劳动实践课程不仅面向学生的学习世界、生活世界，更要用发展的眼光，面向学生的职业世界和美好未来，因而要拓宽劳动实践的场域空间，将课程实施的地点向校外拓展，向社会延伸。

9.2.5 从铸牢中华民族共同体意识视域为劳动教育注入更为深厚的内涵特质

民族院校劳动教育要有机地融入同心共筑中国梦的主旋律中，一起奏响民族团结进步的和声。这种和声就是民族院校劳动教育更为深厚的内涵特质。要通过创新设计主题式或项目式活动，有意识地为学生搭建创造性劳动平台和劳动空间，从而促进不同民族学生之间的交往、交流和交融。

河北师范大学附属民族学院是全国最早一批内地西藏班校，始终把加强爱国主义和民族团结进步教育作为劳动教育最根本的出发点和落脚点，精心设计各项劳动教育活动，坚定各民族学生理想信念，厚植各民族学生爱国主义情怀，引导各民族学生在各项互助劳动实践中牢固树立"休戚与共、荣辱与共、生死与共、命运与共"的共同体理念，引导各民族学生增强对"伟大祖国、中华民族、中华文化、中国共产党、中国特色社会主义"的认同，增强各民族学生的"国家意识、公民意识和法治意识"。在一项关于共同建设美好校园的问卷调查中，有82.86%的西藏班学生特别希望能与其他民族同学在劳动教育和实践中交往交流交融，86.43%的西藏班学生希望通过多种劳动形式加强不同民族之间同学的联系，这一数据为有效开展以铸牢中华民族共同体意识为主线的劳动教育提供了有力支撑。

 课后研讨与实践 ///////////////////////////////

1. 你认为新时代民族院校劳动教育如何进行融合创新才更加有效？
2. 请拟定一份自我劳动教育的计划。

9.3　劳动教育优秀案例

案例 9-1　　"主题式"劳动教育活动——"中华民族一家亲"文化展演

民族院校劳动
教育优秀案例

每年春季学期，河北师范大学附属民族学院都要举办以"中华民族一家亲"为主题的铸牢中华民族共同体意识和劳动教育活动。各民族同学以民族为单位组建团队，自己动手学习制作本民族的代表美食、经典服饰，研究学习本民族的民风民俗和特色文化，并举办大型民族风情展演活动。活动每年定期举行，疫情防控期间创新形式，各民族团队以家乡民族风情为题材自编自导自演自创精美视频，共同讴歌在党的领导下各民族团结进步、共同繁荣的美好生活，并在学院网站上开辟云展厅供大家欣赏。2023 年 5 月 11 日，主题为"石榴花开别样红　民族团结一家亲"中华民族一家亲文化展演活动盛装揭幕。河北省委统战部、河北省教育厅、河北师范大学相关部门负责人，阿里札达县党政参访团代表以及与援藏工作相关的机构负责人到场观摩指导。学院全体师生参与现场活动并展示互动，抖音号同步直播，吸引千余人参与观看互动。展演活动包括民族风情小屋和文艺表演两个板块。民族风情小屋共有十九个展区，由全院 27 个民族的学生创建。精心布置的民族文化墙、漂亮多彩的民族服装、悠扬悦耳的民族音乐、香气四溢的民族美食，吸引了众多师生驻足欣赏、体验打卡。院团委设计推出的"民族风情小屋通关文牒"成为大家争相打卡收藏的精品。文艺展演由《同心共筑中国梦》《雪域情》《幸福拉萨》《再唱山歌给党听》等 20 个具有浓郁民族特色、展现新时代中华民族一家亲校园文化气息的节目组成。

资料来源：附属民族学院中华民族一家亲文化展演盛装举行．河北师范大学附属民族学院网站，2023－05－13．

分析

这是河北师范大学附属民族学院民族团结和劳动教育特色活动之一，将铸牢中华民族共同体意识和劳动教育紧密结合的典范。全院 27 个民族的同学在"中华民族一家亲"的主题背景下，做美食、品美食，做道具、赏美服，悟文化、谈体会，同台演、交融多，俨然成了各民族同学共同的节日。"中华民族一家亲"展演活动历经十多年，已经成为各民族同学的连心桥，成为锻炼学生动手能力和创造能力的"主题式"劳动教育形式，入脑入心，练手增智，越来越受到广大同学的喜爱和追捧。各民族学生在参与主题式活动中，突出了劳动实践的特点，亲自操作、亲身经历、亲身感受、亲身体验，彼此间的沟通、交流、理解与包容也更加深入。展演节目内容以铸牢中华民族共同体意识为主线，通过赞美新时代，颂扬民族团结，推进各民族学生交往交流交融，弘扬主旋律，传递正能量。充分展示了在中国共产党的领导下，各族人民共同团结奋斗、共享国泰民安的美好景象，表现出各族学生"感党恩、听党话、跟党走"的坚定信念。

案例9-2 "项目式"劳动教育品牌——"守望相助、追梦伴飞"志愿结对帮扶活动

河北师范大学附属民族学院每年秋季学期启动该项目，在多民族学生之间开展以"学业帮扶、人际交往、思想交流、文化交融"为主要内容的"多民族守望相助，结对子追梦伴飞"活动。学院组织河北省内本专科汉族学生和高校少数民族预科学生中思想素质过硬，学习成绩优秀者，自愿报名，对文化成绩薄弱的西藏高中班的学生实行一对一帮助辅导。自2018年以来，有1 000余名少数民族预科生、汉族本专科学生与近1 200名西藏高中学生进行了结对帮扶。西藏班学生不仅升入理想高校继续深造，而且兄弟姐妹般的深情厚谊使他们终身牢记在河北有个家。

资料来源：附属民族学院特色工作入选全国西藏班新疆班创新案例. 河北师范大学网站，2022-04-16.

分析

这是河北师范大学附属民族学院"项目式"民族团结和劳动教育品牌特色活动，入选2020—2021年度全国西藏班新疆班创新案例。学院深入贯彻习近平总书记关于加强和改进民族工作的重要思想，围绕铸牢中华民族共同体意识主线，广泛深入开展民族团结进步创建活动。学院充分发挥多民族、多层次办学的优势，精心设计项目式劳动教育创新案例，将铸牢中华民族共同体意识紧紧贯穿其中。结对子学生之间来自不同的民族，相互交流、相互带动、相互影响，彼此间加深了对中华民族共同性的认识，增进了多种文化的融合交流，凝结了深情厚谊。汉族学生、河北省内少数民族学生在辛勤劳动付出中提升了思想境界，加深了对河北省教育援藏使命的认识；西藏学生感受了燕赵亲情和多元文化的一体性，提高了学业成绩。通过问卷调查，各族学生对"中华民族一家亲"展演和"追梦伴飞"等品牌特色活动印象深刻、充满期待，92.9%的同学认为这类劳动教育活动形式很新颖，很实用，增强了铸牢中华民族共同体意识的积极性和主动性；88.2%的同学认为在劳动实践付出中收获了快乐，增长了知识与才干；75.4%的同学认为很大程度上激发了创造性思维，提高了动手能力；85.6%的同学认为在活动中交了很多朋友，学到了很多前所未闻的不同民族的文化，促进了各民族间的文化传播和交流。"追梦伴飞"活动是探索落实民族班"三混"要求的有效路径，为各民族学生植入中华民族一家亲的情感基因，成为他们求学生涯中宝贵而难忘

的经历。

在"主题式"和"项目式"劳动教育活动中，多民族学生设计创造，互帮互助、相互促进，凝聚人心、完善人格，提升了各层次学生综合素质，促进了多民族同学的交往交流交融，为铸牢中华民族共同体意识，进一步增强"同心共筑中国梦"的爱国主义情怀奠定了扎实的基础。

案例 9-3　　"全景式"劳动教育课程体系

据央广网记者金建军报道，内蒙古师范大学的"劳动教育"必修课《劳动开创未来》已正式面向 2020 级新生线上开课，成为内蒙古自治区首家开设"劳动教育"必修课的高校。2020 年 8 月，内蒙古师范大学为深入贯彻习近平总书记关于教育的重要论述，全面贯彻党的教育方针，落实《中共中央国务院关于全面加强新时代大中小学劳动教育的意见》精神，发挥劳动的育人功能，强化学生劳动观念，弘扬劳动精神，研制出台了《关于全面加强新时代劳动教育的实施意见》，把劳动教育纳入人才培养全过程，"劳动教育课"设为 1 学分的必修课，配套教材《劳动开创未来》随之正式出版。

资料来源：加强劳动教育对于践行民族院校办学宗旨十分重要——访北方民族大学党委书记刀波．中国民族宗教网，2004-03-06.

分析

"劳动开创未来"课程及其教材的亮点突出体现在三个方面：首先是突出理论引领，注重劳动思想的传播。在继承和发扬马克思主义劳动观的基础上，充分汲取以"坚守劳动价值、弘扬劳动精神、促进劳动和谐"为核心思想的新时代劳动观的理论营养，引导大学生树立正确的劳动观和择业观。其次是突出案例引导，注重劳动精神的传承。教材聚焦大国工匠、中国劳模和身边典型，以工匠精神、劳模精神和校友精神的榜样示范，教育和引导大学生在苦干实干中弘扬精益求精的工匠精神，激励新时代大学生走技能成才、技能报国之路。最后是突出实践引路，注重劳动技能的传习。按照循序渐进的思路，教育和引导大学生在劳动实践中把握创新方法，积极参与实践锻炼，注重劳动技能的习得，在提升劳动技能水平的基础上练就真本领。

案例 9-4　　"互嵌式"劳动教育工作体系

北方民族大学系统构建"四个深度互嵌"的劳动教育工作体系。一是将劳动教育与思想政治工作深度互嵌。将劳动教育深度融入思想政治工作之中，充分发挥课堂这个主渠道、主阵地作用，弘扬艰苦奋斗精神，强化劳动者最光荣意识，形成劳育与德育、智育、体育、美育协同发展、同向同行、深度互嵌的良好工作局面。二是将劳动教育与人才培养深度互嵌。在德智体美劳五育并举的人才培养体系中，明确劳动的政治属性、教育属性、实践属性，准确把握新时代劳动教育的丰富内涵和重大意义，将劳动教育纳入人才培养体系中，落实在各类专业课程教学中，从顶层设计上落实好劳动育人的要求，培养学生的敬业精神和社会责任感。三是将劳动教育与师德师风建设深度互嵌。将劳动精神、工匠精神的内涵纳入师德师风建设范畴，丰富师德师风建设的内涵，建立科学的教育评价导向，着力选树一批新时代教育楷模，努力建设一支执着于教书育人、有热爱教育定力、有干劲闯劲钻劲的高水平教师队伍，打造劳动教育的"风向标"和引领人。四是将劳动教育与全方位实践育人深度互嵌。充分开发、挖掘、利用校内外各类平台，构建学生开展体验式、受雇式、参与式、生存式的全方位劳动实践育人体系，创新劳动实践形式，促进劳动教育扎根校园。

分析

北方民族大学坚持立德树人根本任务，高度重视劳动教育，把劳动教育与思想政治教育、人才培养、师德师风建设、全方位实践育人深度互嵌，与勤工助学、创新创业、实习就业等环节紧密结合，全面构建融合性强、涵盖面广的劳动教育工作体系，有很强的学习借鉴意义。学校不断创新载体形式和劳动实践形式，借助"互联网＋思想政治"工作，启动实施"劳动育人·筑梦青春"主题教育活动，引导教育学生通过学工学农、日常家务、手工制作、科技发明、社会实践等多种方式开展劳动，引导各民族学生在劳动实践中学、做、悟，展现劳动风采、体悟劳动艰辛、感受劳动快乐，从中学会崇尚劳动，尊重劳动人民，增强同理心，提高劳动素养，形成劳动习惯，弘扬劳动精神，收到了较好的效果。

案例9-5　　"融入式"劳动教育实施方案

武汉大学以"四个融入"探索加强新时代大学生劳动教育。

筑基明德，将劳动教育融入教育教学。完善劳动教育课程体系，将劳动教育纳入人才培养方案和课程设计，在已有课程中专设劳动教育模块，制作8个课时的劳动教育线上必修课程；设立劳动实践项目群，普及与学生职业发展密切相关的通用劳动科学知识，打造劳动教育系列"金课"。筑牢劳动精神宣传阵地，选树优秀学生典型，开展本科生"自强之星"、研究生"励志之星"评选活动，发挥朋辈榜样作用，培育崇尚劳动的良好校园氛围，让劳动精神入脑入心入行。

增智善用，将劳动教育融入科创训练。组织开展学生科创训练竞赛，以社会实践类、科技创新类赛事为抓手，将劳动教育融入科创训练，让学生在劳动中创新思维、提升技能，着力形成以赛促学、以赛促创的劳动育人模式，先后斩获"互联网＋"大学生创新创业大赛一等奖、"挑战杯"大学生课外学术科技作品竞赛金奖等重要奖项。

创设创新创业训练平台，开设自强创业班，组织创新创业训练项目，提升学生自主完成创新性研究的能力，推出具有市场前景的创新性产品和服务，创造物化劳动成果。注重科研技术实践运用，提升学生在生产实践中发现问题和创造性解决问题的能力。如生命科学学院组建水稻抗虫分子育种团队，扎根基层，科技兴农；病毒学国家重点实验室科研攻关团队破译新冠病毒"密码"；测绘学院研究生开发疫情防控与病情监测系统，为疫情防控提供科技支撑；测绘遥感科研团队调动灾区卫星数据，为河南省抗洪应急救援提供空间信息支持，产生积极社会反响。

躬身力行，将劳动教育融入实践锻炼。拓展劳动教育实践场域，统筹推进"三下乡"社会实践活动，每年组织千支实践队伍、近万名学生赴全国各地开展社会实践；积极组织开展"三支一扶"、西部计划，每年组织400余名学子深入全国数十个贫困地区，为中西部中小学生提供服务；每年组织数百名"青马"班成员等赴基层党政机关、社区开展实习实训，在基层实践中进行劳动锻炼。强化志愿服务工作，先后组织承担武汉网球公开赛、武汉马拉松比赛等大型赛事活动的志愿服务工作，开展"与逆行者同行·为奉献者奉献""致敬抗疫英雄赏樱专场"等抗疫专项志愿活动，每年参与志愿服务学生达10万人次；培育"种太阳"工作室、"清泉计划""学生党员先锋队"等22个志愿服务品牌项目，引导青年学子在志愿服务中培育劳动观念、提升劳动能力、增强劳动精神。注重专业生产劳动锻炼，结合学科专业特点，梳理专业课程所蕴含的劳动教育元素，开展专业生产实习实践活动，如组织学生走进田间地头，参与收割水稻、翻红薯地、播种蚕豆、晒秋等农事活动，让学生亲身体验劳动的艰辛和快乐。

塑行赋能，将劳动教育融入生活日常。定期开展寝室卫生检查，组织"寝室风采大赛"，提升学生自觉保持宿舍卫生环境、独立处理个人生活事务的能力和素养，养成良好劳动习惯。打造劳动教育校园文化，开展"光盘行动""拾白——校园清理"等劳动实践活动，制定劳动公约、每日劳动常规、学期劳动任务单，推动劳动教育生活化、常态化。支持开展勤工助学，在全校设立1 200余个勤工助学岗位，鼓励学生积极参与科研助教、学工助管、后勤服务、图书导架整理、校史馆博物馆讲解、校园引导参观等劳动实践活动，进一步提高学生自立自强能力，努力培养堪当民族复兴大任的时代新人。

资料来源：武汉大学以"四个融入"探索加强新时代大学生劳动教育．中华人民共和国教育，2021－10－14．

分析

武汉大学注重对新时代大学生劳动教育的深入研究，规划出台具有校本特色的劳动教育实施方案，将"自强、弘毅、求是、拓新"校训精神融入其中，构建校院两级劳动教育工作体系，强化马克思主义劳动观教育，设立劳动观念、劳动精神、劳动能力、劳动习惯、劳动品质"五位一体"的劳动教育目标，通过筑基明德、增智善用、躬身力行、塑行赋能，把劳动教育融入教育教学全过程、科创训练全过程、实践锻炼全过程、日常生活全过程。这种四方位融入式教育，拓展了劳动教育实践场域，让劳动教育无处不在，可以大大增强师生双方面的劳动意识和劳动观念，并在具体的劳动实践训练中增长劳动技能，强化劳动体验，培养劳动习惯，锻造劳动品质。

以铸牢中华民族共同体意识为主线推进劳动教育的融合创新是一个崭新的课题，特别是对于民族院校来讲，既要认清新时代劳动教育的核心目标、主要内容、路径手段、制约因素，又要时刻不忘民族教育使命，将民族团结进步和铸牢中华民族共同体意识的基因有机融入劳动教育课程方案中，实现教育内容、教育形式和教育效果的共融共通共赢。无论是新时代劳动教育本身，还是结合五育共融的本质特征和推进中华民族共有精神家园建设的使命要求，都需要破旧立新，重构融合课程体系。可喜的是，越来越多的教育者已经意识到了这一点，并在努力地探索中。

参考文献

［1］赵章彬．劳动教育之劳动概念的特定内涵及其实践向度建构——以高等职业院校劳动教育为视角［J］．北京教育（高教版），2020（7）：22－25.

［2］檀传宝．劳动教育的概念理解——如何认识劳动教育概念的基本内涵与基本特征［J］．中国教育学刊，2019（2）：82－84.

［3］宫长瑞，卜凡钦．中国共产党劳动教育的百年历程和经验［J］．教育学月刊，2021（12）：87－94.

［4］吴俊峰．习近平总书记的劳动情怀及其现实指导意义——深入学习领会习近平总书记关于劳动重要论述［J］．高校辅导员，2020（3）：8－12.

［5］罗娟．劳模精神：职业精神的最高境界——写在五一国际劳动节之际［J］．中国职工教育，2008（5）：5－6，11.

［6］尹昱琚．百年历程中劳模精神的历史演进及时代价值［J］．党史博采（理论版），2021（10）：28－31

［7］余柳．新时代劳模精神、工匠精神与社会主义核心价值观构建［J］．中共桂林市委党校学报，2021，21（1）：38－41.

［8］陈艳清．传承农耕文化　培育农民精神［J］．古今农业，2015（1）：92－97.

［9］丁越华．中国农民精神共同体历史演进及形成路径［J］．人民论坛，2012（5）：102－103.

［10］刘英杰．浅议农民精神［J］．农村工作通讯，2014（10）：56－58.

［11］舒旭，牛俊伟．脱贫攻坚精神的三重维度及时代价值［J］．理论建设，2021，37（6）：98－104.

［12］习近平．高举中国特色社会主义伟大旗帜为全面建设社会主义现代化国家而团结奋斗．［DB/OL］．中华人民共和国政府网．https：//www.gov.cn/xinwen/2022－10/25/content_5721685.htm.

［13］中共中央办公厅、国务院办公厅印发《关于进一步弘扬科学家精神加强作风和学风建设的意见》［Z］．2019（6）.

［14］夏春雨．论温州人创业精神的历史演进及时代价值［J］．贵州师范学院学报，2021，37（7）.

［15］百度百家号．属于所有人的创业者精神［EB/OL］．2019－03－31/2022－02－05.

图书在版编目（CIP）数据

新时代大学生劳动教育教程 / 李保堂，肖卓峰，贾秦主编. -- 北京：中国人民大学出版社，2024.7.（新编21世纪高等职业教育精品教材）. -- ISBN 978-7-300-33096-9

Ⅰ. G40-015

中国国家版本馆 CIP 数据核字第 2024QP5217 号

新编21世纪高等职业教育精品教材·通识课系列

新时代大学生劳动教育教程

主　编　李保堂　肖卓峰　贾　秦
副主编　王　磊　高　山　芦　洋
　　　　桂　洁　王际川　王兴玉

Xinshidai Daxuesheng Laodong Jiaoyu Jiaocheng

出版发行	中国人民大学出版社	
社　　址	北京中关村大街 31 号	**邮政编码**　100080
电　　话	010-62511242（总编室）	010-62511770（质管部）
	010-82501766（邮购部）	010-62514148（门市部）
	010-62515195（发行公司）	010-62515275（盗版举报）
网　　址	http://www.crup.com.cn	
经　　销	新华书店	
印　　刷	北京昌联印刷有限公司	
开　　本	787 mm×1092 mm　1/16	**版　　次**　2024 年 7 月第 1 版
印　　张	11.75	**印　　次**　2024 年 7 月第 1 次印刷
字　　数	232 000	**定　　价**　35.00 元

新编21世纪高等职业教育精品教材

通识课系列

《新时代大学生劳动教育教程》
实践指导手册

主　编　李保堂　肖卓峰　贾　秦

副主编　王　磊　高　山　芦　洋

　　　　桂　洁　王际川　王兴玉

中国人民大学出版社

·北京·

目　录

第一章　掌握生活技能

第一节　塑造美的形象

【活动目标】

（1）了解礼仪常识，并将某些要点（如坐姿、走姿、待人接物等）运用于日常生活中。

（2）掌握不同场合的着装要求和搭配方法。

（3）初步了解化妆技巧，并掌握在不同场合如何选择妆面类型。

【活动设计】

美好的事物往往给人愉快的感觉，对于大学生而言，这一阶段是形成正确审美的重要时期。什么是美的形象、如何塑造美的形象，是每位大学生的必修课程。

礼仪作为一种道德习俗，对全社会每个人都有重要的意义。礼仪一经形成和巩固，就成为社会传统文化的重要组成部分，世代相传。在人类社会的发展和进步中，礼仪的教育具有重要意义。

1. 活动准备

（1）了解礼仪常识。

（2）了解化妆用品的分类及用处。

2. 活动流程

（1）自行准备一套指定主题（如面试、毕业晚会、毕业典礼等）的整体造型搭配，重点考查学生妆面等内容。

（2）模拟一次活动现场。

（3）根据活动主题进行不同的社交演练。

（4）同学之间互相点评，重点关注妆面及现场的面部表情、肢体语言等是否符合活动主题及社交礼仪。如学生的整体表现不符合礼仪要求，指出应当如何改进。

【活动评价】

项　目		学生自评	学生互评	教师评价
分数（百分制）	单项分			
	总分			

注：学生自评占 20%，学生互评占 30%，教师评价占 50%。单项分折合后计算总分。

评价结论：该生于 _____ 学年第 _____ 学期，参加学院劳动实践活动，实践时长为 _____。根据其日常表现，鉴定格次为 _____。

第二节　宿舍是我家

【活动目标】

（1）帮助学生从生活中养成良好的生活习惯，提高个人素质。

（2）使学生增强对宿舍楼及宿舍的环保意识，了解在宿舍生活中存在的不清洁问题，提倡爱护生活环境。

【活动设计】

宿舍是学生生活和学习的重要场所，宿舍文化是校园文化的重要组成部分。为进一步促进和谐文明、实践创新的宿舍文化建设，加强和培养宿舍成员的凝聚力和团结精神，提升宿舍文化品位陶冶学生情操，特开展此项活动。

1. 活动准备

（1）了解卫生常识。

（2）准备清扫工具。

（3）根据宿舍将学生进行分组。

2. 活动流程

（1）组织各班级生活委员召开会议并发放《文明宿舍公约》，同时在活动开始前由生活委员向班级同学宣读并组织大家签字。

（2）对于宿舍卫生、夜晚熄灯、宿舍喧哗问题，集中和学生进行讨论交流，大致了解各班的宿舍问题。

（3）分配工作任务，由生活委员负责带领班级同学对宿舍卫生进行彻底清扫，并组织不同寝室的同学交叉进行互相点评。

（4）以班级为单位，组织生活班会，强调会议重点，引导学生积极创造良好文明的宿舍氛围，倡导学生积极履行宿舍文明公约。

【活动评价】

项　目		学生自评	学生互评	教师评价
分数（百分制）	单项分			
	总分			

注：学生自评占20%，学生互评占30%，教师评价占50%。单项分折合后计算总分。

评价结论：该生于＿＿＿＿学年第＿＿＿＿学期，参加学院劳动实践活动，实践时长为＿＿＿＿。根据其日常表现，鉴定格次为＿＿＿＿。

第三节　下厨我也行

【活动目标】

（1）让学生体会食堂职工和父母培育的辛苦，感受生活的美好和乐趣。

（2）学会一两道拿手菜，并争取在假期独立给家人做一次晚餐。

【活动设计】

由于当今社会分工越来越细，生活压力越来越大，不会做饭已经成为存在于年轻人生活中的普遍现象。许多学生和家长认为学生应将精力放在学习上，不应该在与学习无关的事情上"浪费时间"。俗话说"民以食为天"，美食能让人感受到生活的美好和乐趣。借由本次活动让学生体会父母的辛苦，理解父母，促进家庭和谐。

1. 活动准备

（1）初步了解中华饮食文化。

（2）准备餐具、厨具、调味料。

（3）提前将学生进行分组。

2. 活动流程

（1）录制微视频记录"当家"的一天。

（2）学生之间互相讨论平时是否会做饭，有哪些拿手菜。

（3）分配工作任务，由会做饭的学生指导不会做饭的学生试着做一道菜。

（4）分为不同的小组，互相品尝并提出改进建议。

（5）做饭的学生分享心得。

【活动评价】

项　目		学生自评	学生互评	教师评价
分数 （百分制）	单项分			
	总分			

注：学生自评占20%，学生互评占30%，教师评价占50%。单项分折合后计算总分。

评价结论：该生于_____学年第_____学期，参加学院劳动实践活动，实践时长为_____。根据其日常表现，鉴定格次为：_____。

第四节　服饰搭配我在行

【活动目标】

（1）让学生了解基本的服装搭配原则和技巧，提高审美能力和自我形象塑造能力。

（2）培养学生的创意和个性，学会根据不同场合和自身特点选择合适的服装搭配。

（3）增强学生的团队合作意识和沟通能力，通过实践活动提升实际操作能力。

【活动设计】

服饰是人类美化自身生活的一种艺术，服饰穿在身上才能获得生命，才能显得有价值。服饰不仅是为了人类御寒和护体，也能反映不同民族、地区的审美习惯和文化特色。

服饰搭配不仅有助于塑造个人形象，提升自信心，还能够表达自我，锻炼社交技能、提升审美能力，培养职业素养，促进情感表达和沟通，以及体现文化修养。重视服装搭配的学习和实践，是每位学生的必修课程。

1. 活动准备

（1）了解服装搭配的基本原则，如色彩搭配理论（冷暖色、对比色、类似色等）。

（2）了解不同场合（如学校、聚会、职场等）的着装要求和风格。

2. 活动流程

（1）提前告知学生自行准备充足的服饰资源，包括不同款式、颜色和材质的衣物、鞋帽、配饰等，教师准备展示场地和镜子，方便学生进行服饰搭配和展示。

（2）分组进行服饰搭配实践，每组选择一名模特，其他成员为其提供搭配建议。教师在实践过程中提供指导和建议，帮助学生掌握搭配技巧。

（3）学生将自己的搭配作品进行展示，其他学生和教师进行评价，提出改进意见和建议。

（4）教师对本次活动进行总结，回顾学生在实践中的表现和收获。鼓励学生分享自己的心得体会和收获。

【活动评价】

项　目		学生自评	学生互评	教师评价
分数（百分制）	单项分			
	总分			

注：学生自评占20%，学生互评占30%，教师评价占50%。单项分折合后计算总分。

评价结论：该生于 _____ 学年第 _____ 学期，参加学院劳动实践活动，实践时长为_____。根据其日常表现，鉴定格次为：_____。

第二章　维护校园环境

第一节　校园保洁，人人有责

【活动目标】

（1）强化全校学生的主人翁精神，让学生们能自觉维护学校的公共卫生。

（2）创造一个清洁文明的校园环境，建立一个温馨舒适的学习生活环境。

（3）展现学生热爱校园、以身作则的精神面貌。

（4）提倡与快乐同行，让学生在活动中用辛苦与汗水换来内心的愉悦、充实与满足。

【活动设计】

维护校园清洁是每位在校学生的一份责任，我们都应为美化校园尽自己的绵薄之力。校园保洁不仅可以美化学校，也可以促进学生对校园环境的认识，使学生认识到自己也有责任去保护学校的环境。参加校园保洁能够提高学生的责任意识。

1. 活动准备

（1）通知班级全体学生于活动前到教室开会，告知本次活动的活动安排及相关注意事项并进行分组。

（2）由活动组织者分配各小组的打扫工具，如垃圾袋若干个、扫把等。

（3）本次活动需要准备旗帜、相机等，由专门负责拍照的人员记录美好瞬间。

2. 活动流程

（1）按照预先安排的时间准时到学校广场集合，由生活部负责人员签到。

（2）分配工作任务、清扫的地点以及注意事项，各小组按照安排对所划分的地点进行全面打扫，每组的工作完成后，到就近的组帮忙。

（3）活动结束后，全体参与活动的人员到学校广场集合，生活部成员对打扫成果进行检查。

（4）检查完毕后全体成员合照留念。

（5）活动完成后进行清点，及时归还所借工具。

（6）拍照人员负责甄选相片，将劳动照片收集制成幻灯片。

（7）生活部上交本次活动的活动总结及宣传稿。

【活动评价】

项　　目		学生自评	教师评价	清洁区负责处评价
分数 （百分制）	单项分			
	总分			

注：学生自评占 20%，教师评价占 30%，清洁区负责处评价占 50%。单项分折合后计算总分。

评价结论：该生于 ＿＿＿＿ 学年第 ＿＿＿＿ 学期，参加学院劳动实践活动，清洁区域为 ＿＿＿＿ 实践时长为 ＿＿＿＿。根据其表现，鉴定格次为＿＿＿＿。

第二节　学习场所各尽其责

【活动目标】

（1）使学生认识到保持学习环境的整洁在日常学习和生活中的重要性。

（2）使学生能在举手投足中维护共同的学习环境。

（3）提高学生的环保、清洁、安全意识。

（4）使学生能认识到值日生的辛苦，养成随时保持学习场所干净整洁的习惯。

【活动设计】

教室、图书馆等是学习的重要场所，学习场所卫生的好坏直接影响老师和学生的工作、学习和生活，同时，学习场所的环境卫生也是一个院校文明程度的重要标志，是学校对外形象的直观影响因素，也是学生整体素质的反映。干净、安全的学习场所是打扫出来的，更是保持出来的。随时保持学习场所的干净、安全有助于培养学生良好的学习习惯。

1. 活动准备

（1）提前预告学生，将对晚自习下课后教室整洁程度、电器门窗关闭等情况进行评比。

（2）准备相机，对下课后的教室情况进行拍摄，包括教室桌面、桌兜、地面，以及学生都离开后的电器关闭情况等。

（3）安排好专门的人员在不同时间段进行拍摄。

2. 活动流程

（1）学生照常到班级上晚自习。

（2）下课后对班级情况进行拍照，包括教室桌面、桌兜、地面，以及学生都离开后的电器关闭情况等。

（3）次日找一个空闲时间将几个班的学生召集到一个班，将拍摄的照片投放在大屏幕上进行点评，对于做得较好的班级予以奖励。

（4）事后持续一周要求学生在各科课程下课后拍摄自己的座位和桌兜，最后一位离开教室的学生拍摄教室全貌，并将照片分享到班级群。

（5）一周之后要求学生对此次活动写一篇活动感受，并存档。

【活动评价】

项　目		学生自评	学生互评	教师评价
分数（百分制）	单项分			
	总分			

注：学生自评占20%，学生互评占30%，教师评价占50%。单项分折合后计算总分。

评价结论：该生于 _____ 学年第 _____ 学期，参加学院劳动实践活动，实践时长为_____。根据其日常表现，鉴定格次为 _____。

第三节　种块花草责任田

【活动目标】

（1）了解向日葵的一些知识，掌握种植的一般方法。

（2）掌握查找、搜集、整理资料的能力。

（3）培养发现问题、解决问题的能力及持之以恒的品质。

（4）培养团体合作意识，感受与他人合作交流的乐趣。

（5）体会绿色孕育希望，希望孕育未来。

（6）强化劳动最光荣，粮食最珍贵，劳动人民最可敬的记忆。

【活动设计】

种植花草能够培养学生劳动实践操作能力、自立能力和耐心细致的高尚品质，提高学生对劳动生活的学习态度和兴趣。让学生认识自然、拥抱自然，培养学生热爱美丽校园的良好情感。

1. 活动准备

（1）师生均由"出入口"出入，不得进入实践基地踩踏。

（2）事先查阅向日葵的习性、种植环境和种植方法。

（3）种植前，全班学生交流查阅到的"经验"。

2. 活动流程

（1）将学生分成相应的组，将田地分成与组数相等的块数。

（2）各组分配适量的劳动工具。

（3）向日葵种子、肥料等由学校统一提供并分发给各组。

（4）教师示范如何种植，如挖多深的坑，坑与坑之间隔多少距离，如何撒种，盖土和浇水。

（5）分组种植：指导学生挖坑，埋种子；指导学生盖土，浇水。

（6）要求学生经常浇水，观察并记好记录表。

【活动评价】

项　　目		学生自评	学生互评	教师评价
分数 （百分制）	单项分			
	总分			

注：学生自评占 20%，学生互评占 30%，教师评价占 50%。单项分折合后计算总分。

评价结论：该生于 _____ 学年第 _____ 学期，参加学院劳动实践活动，实践内容为 _____ ，实践时长为 _____ 。根据其日常表现，鉴定格次为 _____ 。

第四节　科学合理垃圾分类

【活动目标】

（1）让学生了解垃圾分类的基本概念，明确垃圾分类的重要性。

（2）掌握各类生活垃圾的分类标准和方法。

（3）培养学生形成环保意识和垃圾分类的习惯。

【活动设计】

环境保护已成为当代社会最热门且迫切的话题之一。面对资源过度消耗、生态破坏、气候变化等全球性问题，环保成为人类生存和发展的必选项。

学生学会垃圾分类的必要性包括环保意识培养、资源有效回收、减少环境污染、促进可持续发展、提升社会责任感、校园环境美化、实践能力提升以及社会文明进步。每位学生都主动掌握垃圾分类的方法是环保行动的应有之义。

1.活动准备

（1）通过展示垃圾分类不当带来的环境问题图片或视频，激发学生参与活动的兴趣。

（2）提问学生对垃圾分类的了解程度，并简洁介绍垃圾分类的重要性和目的。

2.活动流程

（1）详细讲解各类生活垃圾的分类标准，如可回收物、有害垃圾、湿垃圾、干垃圾等。举例说明每种垃圾的具体分类方法，如塑料瓶、废旧电池、厨余垃圾等。

（2）组织学生进行垃圾分类游戏，通过游戏方式巩固理论知识。

（3）指导学生动手进行垃圾分类实践，如分类投放模拟练习，鼓励学生分享自己的分类经验和方法。

（4）展示成功和失败的垃圾分类案例，让学生分析原因。引导学生讨论如何在日常生活中坚持垃圾分类，鼓励学生成为环保的践行者。

（5）作业：要求学生记录一周内家庭的垃圾分类情况，并写出感受。持续关注并引导学生养成垃圾分类的良好习惯。

【活动评价】

项　目		学生自评	学生互评	教师评价
分数（百分制）	单项分			
	总分			

注：学生自评占20%，学生互评占30%，教师评价占50%。单项分折合后计算总分。

评价结论：该生于_____学年第_____学期，参加学院劳动实践活动，实践时长为_____。根据其日常表现，鉴定格次为：_____。

第三章　丰富职业体验

第一节　辅导员（班主任）助理上岗体验

【活动目标】

（1）了解辅导员（班主任）工作的基本内容和基本技能。

（2）学会辅导员（班主任）日常管理的方法和技巧。

（3）理解辅导员（班主任）班级管理的付出和不易。

（4）感受辅导员（班主任）立德树人和思想政治教育的初心和艺术。

【活动设计】

辅导员（班主任）是教师队伍中的一个特殊群体，承担着对整个班级的学生全面负责的重任，是班集体的组织者、教育者、协调者，是学生身心健康发展的领航员。

辅导员（班主任）工作的意义和价值在于充分发挥班集体对学生成长的影响力。在班集体的建设和发展过程中，学生和辅导员（班主任）共同得到成长。

1. 活动准备

（1）了解辅导员（班主任）工作的基本内容。

（2）初步掌握辅导员（班主任）工作的基本技能。

（3）了解对象班级学生的基本情况。

2. 活动流程

（1）与班级辅导员（班主任）进行一次深谈，了解学生，接受安排，调整心态，学习经验。

（2）准备一个精彩的开场白。

（3）开好一次有意义的班会/团会。

（4）跟班一天，详细感受辅导员（班主任）的工作流程。从早操、早读到午休、晚休，从课上听讲到自习纪律，从教室布置到宿舍卫生。在具体工作中体会辅导员（班主任）的不易。

（5）和重点学生谈一次心，了解和学生沟通的技巧与艺术。

（6）组织一次学生感兴趣、寓教于乐的班级活动。

（7）辅导员（班主任）助理岗位原则上至少工作一个学期，鼓励学生服务一年以上。

【活动评价】

项　目		学生自评	教师评价	所带学生评价
分数 （百分制）	单项分			
	总分			

注：学生自评占 20％，教师评价占 30％，所带学生评价占 50％。单项分折合后计算总分。

评价结论：该生于 _____ 学年第 _____ 学期，参加学院劳动实践活动，担任_____ 系/部_____ 专业 _____级班辅导员/班主任助理，实践时长为_____。根据其日常表现，鉴定格次为_____。

第二节　任课教师助理上岗体验

【活动目标】

（1）了解任课教师工作的基本内容。

（2）学会协助任课教师处理遇到的教学问题。

（3）理解任课教师对于教学方案的设计。

（4）感受任课教师为教学所付出的精力，珍惜上课时间。

【活动设计】

任课教师是教师队伍中一个庞大群体，承担着各自学科的教学与知识传授，是学生学好知识的基础保障。

任课教师工作的意义和价值在于充分调动学生对于知识的兴趣，并利用自身经验对学生进行课程讲授。

1. 活动准备

（1）了解任课教师工作的基本内容。

（2）初步掌握任课教师工作的基本技能。

（3）了解所教学生的基本情况。

2. 活动流程

（1）与任课教师进行一次深谈，了解其讲授内容，接受安排，调整心态，学习经验。

（2）准备教学相关内容的课件与教案。

（3）上好一次有准备的课程。

（4）跟课一天，详细感受任课教师的工作流程。从备课、设计课程到写教案、课程回顾，在具体工作中体会任课教师的不易。

（5）和学习成绩欠佳的学生谈一次心，了解和学生沟通的技巧与艺术。

（6）组织一次学生感兴趣、寓教于乐的教学学习活动。

（7）任课教师助理岗位原则上至少工作一个学期，鼓励学生服务一年以上。

【活动评价】

项　目		学生自评	所带学生评价	任课教师评价
分数 （百分制）	单项分			
	总分			

注：学生自评占 20%，所带学生评价占 30%，任课教师评价占 50%。单项分折合后计算总分。

评价结论：该生于_____学年第_____学期，参加学院劳动实践活动，担任_____系/部_____专业_____级_____班任课教师助理，实践时长为_____。根据其日常表现，鉴定格次为_____。

第三节　后勤、教辅服务助理上岗体验

【活动目标】

（1）了解后勤、教辅服务人员工作的基本内容和基本技能。

（2）学会后勤、教辅服务人员日常管理的方法和技巧。

（3）理解后勤、教辅服务人员的付出和不易。

【活动设计】

后勤、教辅服务人员是教师队伍中一个不可缺少的群体，承担着整个校园的安全、用餐、洗浴、就医等一系列生活保障工作。

后勤、教辅服务人员工作的意义和价值在于保障和提高校园中师生的生活舒适程度，确保其可顺利完成教学等一系列活动。

1. 活动准备

（1）了解后勤、教辅服务人员工作的基本内容。

（2）初步掌握后勤、教辅服务人员工作的基本技能。

2. 活动流程

（1）与后勤、教辅服务人员进行一次深谈，了解学院设施建设，了解其相关岗位工作内容，接受安排，调整心态，学习经验。

（2）准备足够的时间和精力去学习与了解后勤、教辅服务人员的工作方法。

（3）跟后勤、教辅服务人员共同工作一天，详细感受他们的工作流程。在具体工作中体会后勤、教辅服务人员的不易。

（4）后勤、教辅服务人员助理岗位原则上至少工作一个学期，鼓励学生服务一年以上。

【活动评价】

项　目		学生自评	后勤、教辅服务人员评价	教师评价
分数（百分制）	单项分			
	总分			

注：学生自评占20%，后勤、教辅服务人员评价占30%，教师评价占50%。单项分折合后计算总分。

评价结论：该生于_____学年第_____学期，参加学院劳动实践活动，担任_____系/部_____专业_____级_____班后勤、教辅服务人员助理，实践时长为_____。根据其日常表现，鉴定格次为_____。

第四节 守望相助 追梦伴飞

【活动目标】

（1）增进校内各层次学生对中华民族优秀文化的理解和认同。

（2）加强各层次、各专业学生之间的文化交流与融合，促进团结和友谊。

（3）激发各层次学生的追梦热情，鼓励他们在学业和人生道路上相互帮助。

【活动设计】

生活在同一校园里的同学们拥有不同的专业背景和学历基础，同专业同学之间存在学业分层，不同专业同学之间存在专业区分，这恰好是守望相助，追梦伴飞劳动实践活动的基础。同专业同学之间可以开展学业帮扶，不同专业同学之间可以开展专业了解，互通有无，达到伴飞追梦的作用。

1. 活动准备

（1）成立活动筹备小组，明确活动目标和内容，制定详细的活动计划。

（2）邀请各层次、各专业学生积极参与，专人负责活动的组织和协调，确保活动顺利开展。

2. 活动流程

（1）专业体验：组织各专业学生参观学习场所或者院史馆等场域，了解不同专业的历史背景和治学方法。

（2）学习交流：设立学习交流小组，鼓励各层次学生分享学习经验和方法，相互学习、共同进步。

（3）社会实践：组织各层次各专业学生共同参与社会实践活动，如志愿服务、环保活动等，培养社会责任感和团队精神。

（4）梦想分享：举办梦想分享会，鼓励各专业、各层次学生分享自己的追梦故事和理想，激发彼此的追梦热情。

（5）持续交流：建立长期交流平台，鼓励各专业、各层次学生保持联系，分享彼此的成长。

（6）宣传教育：通过校内外宣传、媒体报道等方式，宣传活动的意义和成果，提高社会对劳动实践活动的认识和支持。

【活动评价】

项　　目		学生自评	学生互评	教师评价
分数 （百分制）	单项分			
	总分			

注：学生自评占20%，学生互评占30%，教师评价占50%。单项分折合后计算总分。

评价结论：该生于_____学年第_____学期，参加学院劳动实践活动，实践时长为_____。根据其日常表现，鉴定格次为：_____。

第四章　积极开展志愿服务

第一节　志愿服务实施办法

【指导思想】

以习近平新时代中国特色社会主义思想为指导，全面贯彻党的教育方针，坚持立德树人，大力培育和践行社会主义核心价值观，立足学校实际，积极开展思想引领、校园文化、社会实践等活动，完善以志愿服务、社会实践为依托的社会公益实践形式，引导大学生创新多种形式开展服务性劳动，强化公共服务意识和面对重大疫情、灾害等危机主动作为的奉献精神。

【实施内容】

学校要充分结合学生专业特点和能力需求，将第二课堂有机嵌入人才培养体系中，为全面提升大学生综合素质搭建实践平台，积极开展思想引领、校园文化、社会实践等活动，促进学生职业化、自主化、个性化发展，全面营造开展劳动教育良好的氛围。

"第二课堂"主要涵盖实践实习、志愿公益服务、创新创业、文化活动四个方面。"实践实习"模块主要记录参与寒假、暑期社会实践活动、就业实习及其他实践活动的经历，以及获得的相关荣誉。"志愿公益服务"模块主要记录参与助残支教、社区服务、公益劳动等志愿服务活动的经历，以及获得的相关荣誉。"创新创业"模块主要记录参与各级各类科技创新、创业活动和竞赛的经历及获得的相关荣誉，以及发表的学术论文、取得的技术专利等。"文化活动"模块主要记录参与各种文化活动的经历，包括参加各级各类文体活动和社团活动等的经历，以及获得的相关荣誉。

【实施细则】

实践实习			
志愿公益获得荣誉	省级	2分	累计2分为优秀 累计1.5分为良好 累计0.5~1分为合格； 低于0.5分为不合格
	校级	1分	
	院级	1分	
创新创业			
国内正式刊物发表论文	省级刊物		2分/篇	
创新创业类课题	立项	省级	2分	累计2分为优秀； 累计1.5分为良好 累计0.5~1分为合格 低于0.5分为不合格
		校级	1分	
	结题	省级	2分	
		校级	1分	
参与大学生科技创新立项申报	参与	提交立项申请书	0.5分	

续表

寒暑假"三下乡"社会实践活动	1分			
社会实践团队立项	校级	队长	1分	累计2分为优秀 累计1.5分为良好 累计0.5～1分为合格 低于0.5分为不合格
		成员	0.5分	
	院级	队长	1分	
		成员	0.5分	
社会实践获得荣誉	省级	2分		
	校级	1分		
	院级	1分		

志愿公益服务				
日常志愿服务活动	0.05分/小时			学生志愿小时数以志愿汇平台为准,校外志愿公益需出示盖有主办方公章的服务时数证明,并经青年志愿者协会确认
志愿公益获得荣誉	省级	2分		累计2分为优秀 累计1.5分为良好 累计0.5～1分为合格 低于0.5分为不合格
	校级	1分		
	院级	1分		

创新创业				
国内正式刊物发表论文	省级刊物	2分/篇		
创新创业类课题	立项	省级	2分	累计2分为优秀 累计1.5分为良好 累计0.5～1分为合格 低于0.5分为不合格
		校级	1分	
	结题	省级	2分	
		校级	1分	
参与大学生科技创新立项申报	参与	提交立项申请书	0.5分	

文化活动				
各类活动竞赛	省级	一等奖	2分	累计2分为优秀; 累计1.5分为良好; 累计0.5～1分为合格 低于0.5分为不合格
		二等奖	1.5分	
		三等奖	1分	
		优秀奖	0.5分	
	校级	一等奖	2分	
		二等奖	1.5分	

续表

各类活动竞赛	校级	三等奖	1分	累计 2 分为优秀 累计 1.5 分为良好 累计 0.5～1 分为合格 低于 0.5 分为不合格
		优秀奖	1分	
	院级	一等奖	2分	
		二等奖	1.5分	
		三等奖	1分	
		优秀奖	0.5分	
	教学部	一等奖	1分	
		二等奖	0.8分	
		三等奖	0.5分	
		优秀奖	0.3分	

【志愿服务登记表】

志愿服务登记表				
项目时间				
开始时间		结束时间		
活动地点				
工作任务				
安全及注意事项				
项目准备	1. 成员及分工； 2. 环境准备； 3. 工具和材料准备：			
项目实施	步骤	操作方法		
项目实施				
项目反思	1. 完成本项目最大的收获是什么？ 2. 在本项目中最有价值的内容是什么？ 3. 哪些内容（问题）需要进一步了解或需要得到帮助。			
项目自评	评价指标	满意	一般	不满意
	项目完成			
	劳动素养			

第二节　志愿服务社团创建

【活动目标】

（1）为学生提供一个学习和提升技能与知识的平台，通过定期的培训和交流活动，帮助社团成员掌握新技能，增进团队合作，提高沟通和协调能力。

（2）扩大社交圈子，拓宽视野，增强人际关系，通过担任社团职务、组织活动或带领团队，培养领导力、组织能力和责任感，为职业生涯打下坚实的基础。

（3）结合社团自身特点和成员兴趣，策划和举办具有特色的活动，增强社团凝聚力，通过举办相关活动，分享传统文化或传播社会正能量，增强文化自信。

【活动设计】

学生社团致力于为学生提供一个多元、包容的平台，旨在培养学生的领导力、团队合作精神、创新思维和社会责任感。社团将围绕某一特定主题或领域（如科技创新、文化艺术、社会服务等）开展活动。

1. 活动准备

（1）了解学生社团成立的管理办法。

（2）了解社团活动如何筹备、开展及总结。

2. 活动流程

（1）发布社团招募通知，设立模拟面试或考核环节，评估申请者的能力和适应性。

（2）学生分组策划设计丰富多彩的活动，包括讲座、工作坊、竞赛、社会实践等。

（3）与其他社团或组织合作，共同举办大型活动，扩大影响力。

（4）同学之间互相点评，总结活动经验和不足，表彰优秀参与者。

【活动评价】

项　目		学生自评	学生互评	教师评价
分数 （百分制）	单项分			
	总分			

注：学生自评占 20%，学生互评占 30%，教师评价占 50%。单项分折合后计算总分。

评价结论：该生于 ＿＿＿＿＿＿＿学年第 ＿＿＿＿＿＿＿学期，参加学院劳动实践活动，实践时长＿＿＿＿＿＿＿。根据其日常表现，鉴定格次为：＿＿＿＿＿＿＿。

第三节 关爱老人 传递爱心

【活动目标】

（1）提升志愿者的社会责任感。通过参与到志愿服务项目中，学生们能深刻体会到自己作为社会成员所应承担的责任和义务，学会付出、学会感恩，培养一种为他人、为社会奉献的精神。更加珍惜和尊重社会资源，积极为社会做出贡献。

（2）培养学生的团队协作精神，能提升他们的沟通、协调和解决问题的能力，为将来的工作和生活打下坚实基础。

通过参与志愿服务，学生们了解到能够参与的志愿服务活动涉及多个领域和方面，学生们在参与过程中可以接触到各种各样的知识和信息。这些知识和信息不仅可以拓宽学生的视野，也可以激发他们对不同领域知识的兴趣和好奇心。

【活动设计】

本次大学生敬老院志愿活动的目标是为敬老院的老年人提供关爱与陪伴，通过一系列精心设计的活动，增进老年人的身心健康，同时培养大学生的社会责任感和奉献精神。活动定位为"温暖相伴，传递爱心"，旨在建立大学生与老年人之间的情感桥梁，营造尊老爱幼的和谐氛围。

1. 活动准备

（1）了解敬老院基本情况。

（2）通过线上线下各种方式进行广泛宣传。

2. 活动流程

（1）发布志愿者招募信息，吸引大学生积极参与。对志愿者进行培训，确保志愿者具备服务老年人的基本能力。

（2）活动形式包括健康讲座、文化娱乐、亲情陪伴等。

（3）同学之间互相点评，总结活动经验和不足，表彰优秀参与者。

【活动评价】

项 目		学生自评	学生互评	教师评价
分数 （百分制）	单项分			
	总分			

注：学生自评占20%，学生互评占30%，教师评价占50%。单项分折合后计算总分。

评价结论：该生于_____学年第_____学期，参加学院劳动实践活动，实践时长为_____。根据其日常表现，鉴定格次为：_____。

第四节　心有大我　服务社会

【活动目标】

（1）深刻理解自己在社区中的角色和责任，明白个人的行动和贡献对社区的重要性，培养社会责任感。

（2）提高学生们的动手能力和操作技能，为未来的工作和生活打下坚实基础

（3）加强团队合作能力，学会在团队中发挥自己的优势，尊重他人的观点，以及有效沟通的能力。

（4）体验劳动奉献精神，懂得尊重和感激他人的劳动，增进社区服务意识。

【活动设计】

社区劳动奉献活动旨在通过学生参与社区建设，培养社会责任感，提升实践技能，并促进社区的和谐发展。活动秉承"奉献、友爱、互助、进步"的志愿精神，强调团队合作和社区共同体的构建。

1. 活动准备

（1）了解社区基本情况。

（2）了解服务社区所需的基本知识，包括劳动安全知识、社区服务礼仪等。

2. 活动流程

（1）对社区进行需求调研，了解社区居民的需求和期望。通过问卷调查、访谈等方式，收集居民的意见和建议，为活动策划提供参考。

（2）根据社区需求和学生的特点，确定具体的劳动内容，如环境清洁、绿化种植、老年人关爱等。

（3）分组进行社区活动，确保在安全的活动下进行劳动。

（4）收集居民评价并在同学之间互相点评，总结活动经验和不足，表彰优秀参与者。

【活动评价】

项　　目		学生自评	学生互评	教师评价
分数 （百分制）	单项分			
	总分			

注：学生自评占 20%，学生互评占 30%，教师评价占 50%。单项分折合后计算总分。

评价结论：该生于 _____ 学年第 _____ 学期，参加学院劳动实践活动，实践时长为_____。根据其日常表现，鉴定格次为：_____。

第五节　保护环境　绿色生态

【活动目标】

（1）通过参与环境保护活动，培养学生对环境的关注和热爱，充分认识到环境保护的重要性。

（2）学生参与环境保护能够带动更多的人关注环境问题，促进整个社会的环保行动。

（3）参与环境保护活动有助于提升学生的综合素质、团队合作精神和责任感。

（4）通过学生努力和行动，可以推动整个社会对环境保护的关注和行动，从而为社会的可持续发展奠定基础。

【活动设计】

随着环境问题的日益严重，提高大学生的环保意识，培养绿色生活习惯，已成为高校教育的重要任务。"绿色校园，环保我先行"活动旨在通过实践教育，引导大学生关注环境问题，搭建学生环保交流平台，积极参与环保行动，共同推动校园环保工作，共同构建绿色和谐的校园环境。

1. 活动准备

（1）了解环保常识。

（2）了解垃圾分类的意义和方式，如何选择环保产品。

2. 活动流程

（1）分组进行环保知识问答，评选出优胜者并颁发奖品。

（2）在绿色生活体验区与环保手工坊自由参观体验，尝试环保产品和 DIY 制作。

（3）参与垃圾分类游戏，了解和实践垃圾分类知识。

（4）在签名墙签名承诺积极参与环保行动。

（5）同学之间互相点评，总结活动经验和不足，表彰优秀参与者。

【活动评价】

项　目		学生自评	学生互评	教师评价
分数 （百分制）	单项分			
	总分			

注：学生自评占 20%，学生互评占 30%，教师评价占 50%。单项分折合后计算总分。

评价结论：该生于_____学年第_____学期，参加学院劳动实践活动，实践时长为_____。根据其日常表现，鉴定格次为：_____。

第五章　传承一门技能

第一节　画出生活美

【活动目标】

（1）让同学们自行观赏中外名作，提高同学的观赏潜力与审美水平，学习优秀绘画技巧及绘画形式。

（2）培养学生的观察能力和创新思维能力，提高学生的审美观。

（3）把握国画基础用笔并能描绘简洁的小品画，让同学们更加了解中国传统绘画，增加民族骄傲感。

（4）制造出更多的机会让同学接触生活，改造生活，让美术真正与实际生活联系起来。

【活动设计】

中华艺术文化博大精深，源远流长。弘扬美的艺术文化，宣传美的传统精髓，将艺术文化发扬光大，是当代大学生不可松懈的责任。举办"发扬艺术之光，共创魅力校园"优秀绘画作品展。促进同学们的学习热情，丰富学生的课余文化生活。

通过本次绘画活动，培养学生热爱祖国，了解祖国的悠久历史，培养民族自豪感。通过举办画展，给同学们提供一个展示自我风采和勇气的平台。

1. 活动准备

（1）了解色彩、油画、国画、手绘画基本技巧与形式。

（2）培养学生对画的鉴赏能力和创新思维能力。

2. 活动流程

（1）围绕本系部专业课或身边事展开绘画，重点体现新时代美育价值。

（2）模拟一次活动现场。

（3）根据画展进行不同的风格画鉴赏。

（4）同学之间互相点评，重点关注绘画技巧和风格是否体现当代大学生的综合素质和精神风貌。

【活动评价】

项　目		学生自评	学生互评	教师评价
分数 （百分制）	单项分			
	总分			

注：学生自评占 20%，学生互评占 30%，教师评价占 50%。单项分折合后计算总分。

评价结论：该生于 _____ 学年第 _____ 学期，参加学院劳动实践活动，实践时长为_____。根据其日常表现，鉴定格次为：_____。

第二节 剪出中国色

【活动目标】

（1）培养学生勤思考、乐参与的好习惯，在平等自主的交流中增强自信心。

（2）了解剪纸的知识和掌握剪纸的基本技法，学会用简单的手法剪贴图案。

（3）培养学生学习兴趣，帮助学生受到美的感染和熏陶，提升审美、观察、动手等综合能力，锻炼学生的意志。

【活动设计】

剪纸是国家的重点民间文化遗产抢救项目，开展剪纸教学不只是要营造一种特色教育氛围，更要将濒临失传的剪纸艺术发扬光大。让学生了解到中国传统艺术和文化的瑰丽，让剪纸这朵艺术之花获得新的生命力。从剪纸的题材中，可以看出劳动人民那种朴实、纯真的思想感情，让学生深刻了解剪纸艺术，把中国民间的传统艺术发扬光大。

1. 活动准备

（1）搜集"剪纸"的有关历史、种类、风格、制作手法等资料进行文化探究。

（2）学习材料、形式、制作内容等剪纸作品，难易程度适宜。

（3）开展群体活动，推动民族艺术特色活动。

2. 活动流程

（1）举行"小剪纸，大中国"为主题的手抄报作品展，充分展示群体探究民族文化艺术的成果。

（2）模拟一次活动现场。展示全院学生以各种形式手法、内容、材料创作的剪纸作品。

（3）深入研究课题，组织课题组成员在剪纸教学实践中对剪纸内容、剪纸材料等方面进行开发研究，鼓励学生有自己的想法，培养学生的个性化与创新精神。

【活动评价】

项　目		学生自评	学生互评	教师评价
分数 （百分制）	单项分			
	总分			

注：学生自评占 20%，学生互评占 30%，教师评价占 50%。单项分折合后计算总分。

评价结论：该生于 _____ 学年第 _____ 学期，参加学院劳动实践活动，实践时长为_____。根据其日常表现，鉴定格次为：_____。

第三节 写出中华魂

【活动目标】

（1）培养学生良好的书写习惯和审美素养，提高自身的文化修养和综合素质。

（2）让学生了解中国书法的起源、流派、发展和特点，掌握中国书法的基本知识和技能。

（3）给学生提供丰富的文化交流平台，促进学生之间的情感交流和相互学习。

【活动设计】

书法是中华优秀传统文化的重要组成部分，是人类文明的宝贵财富。作为现代教育中不可或缺的一部分，书法教育可以提高学生的审美能力和创新意识，培养学生的人文素养和良好的德育水平，是一门引导学生全面发展的独特课程。

本劳动实践课程主要教授基本笔画、字形、结构和技法，帮助学生逐渐掌握一定的书法基本功，提高学生的书法实践能力和文化素养。课程内容涵盖中国书法发展历史、书法用具介绍、书法基本功训练、名家作品鉴赏等。

1. 活动准备

（1）了解书法历史，简要介绍书法的起源、演变、发展及流派。了解书法用具的种类、用法和特点。

（2）介绍常用字体和笔画，掌握笔画基本规律和技巧。

2. 活动流程

（1）策划并组织学生书法作品展览，学生自行拟定主题、作品收集、展览布局等。通过实践，学生将全面了解书法艺术的展览制作过程，提高对于展览策划的实际操作经验。

（2）模拟一次现场活动。学生可讲述如何运用书法艺术元素进行设计创作。通过学习和实践，培养学生的艺术创造能力和审美表达能力。

（3）同学之间相互点评。重点关注书法在现代媒体中的应用，激发学生对于书法艺术的创新思维。

【活动评价】

项目		学生自评	学生互评	教师评价
分数 （百分制）	单项分			
	总分			

注：学生自评占20%，学生互评占30%，教师评价占50%。单项分折合后计算总分。

评价结论：该生于 _____ 学年第 _____ 学期，参加学院劳动实践活动，实践时长为_____。根据其日常表现，鉴定格次为：_____。

第四节　做出好手工

【活动目标】

（1）了解我国的历史文化，结合所学历史背景领悟手工艺的精髓所在。

（2）激发学生的创造力，增强学生艺术素养。通过手工类活动，学生在事件中提高自己的动手能力，增强对美术及校园文化的感悟。

（3）提升学生对学校的归属感。通过手工展示活动让学生更了解中华民族传统文化的精神内涵和文化底蕴，让他们更好地了解多民族文化，增加学生们的认同感和归属感。

【活动设计】

文化大发展和大繁荣正在成为我国文化建设的主题，面对世界文化多元化和振兴中华文化的历史使命，中华民族的民族文化和文化精神建设发展就尤为重要。在文化自信发展中，手工艺文化无疑是重要的精神灵感来源支撑。

手工艺教育课程的开设是因材施教，培养多层次、有针对性的人才。手工艺的多样性有着对人文素质、资源整合、执行能力、设计能力等多方面的培养，能够帮助学生结合自身的特长优势来适应社会发展和专业人才的需求。

1. 活动准备

（1）了解手工艺品的历史背景，结合手工艺发展史和现代设计史让传统手工艺呈现出时代性与设计性。对手工艺的设计形态、工艺技术、装饰内容等进行学习。

（2）了解手工艺品的材料、结构、装饰、造型等特点。

2. 活动流程

（1）准备主题为"心随手动，我手秀我心"手工艺品展示活动。

（2）模拟一次活动现场。

（3）根据活动主题进行不同手工艺品展示与评估。

（4）同学之间互相点评，重点关注手工艺品蕴含的文化内涵、传承和创新。引导学生分析当前社会生活方式的新变化、人民的需求喜好，并关注当下手工艺设计活动的精神文化导向，帮助学生认识工匠精神。

【活动评价】

项　目		学生自评	学生互评	教师评价
分数 （百分制）	单项分			
	总分			

注：学生自评占20%，学生互评占30%，教师评价占50%。单项分折合后计算总分。

评价结论：该生于＿＿＿＿＿学年第＿＿＿＿＿学期，参加学院劳动实践活动，实践时长为＿＿＿＿＿。根据其日常表现，鉴定格次为：＿＿＿＿＿。

第六章　劳动教育实践中的法律问题

第一节　大学毕业生就业中涉及的主要法律法规

【活动目标】

（1）学习劳动相关的法律法规知识。

（2）增加劳动实践的自我保护意识。

（3）熟悉劳动实践法律法规，能够依法处置劳动争议，保护自己的权益。

【活动设计】

劳动实践是各学段在校学生的必修课程，课程的设置目的在于培养全面发展的学生最终走向社会，服务社会。大学生有必要了解就业相关法律知识和有可能遇到的法律问题。

1. 活动准备

课前请同学们通过图书馆、网络等各种渠道，搜集整理如下法律、法规：《劳动法》《工会法》《劳动合同法》《就业促进法》《劳动争议调解仲裁法》。

2. 活动流程

（1）通过小组讨论合作探究方式了解：在我国现行法律体系中，与就业相关的法律规范主要有《劳动法》《工会法》《劳动合同法》《就业促进法》《劳动争议调解仲裁法》等。

（2）通过小组讨论合作探究方式了解上述法律条文的主要精神和主要内容。此外，还包括行政法规、部门规章、地方性法规及规章、法律解释等，如《失业保险条例》《社会保险登记管理暂行办法》《最高人民法院关于审理劳动争议案件适用法律若干问题的解释》等。

【活动评价】

项　目		学生自评	学生互评	教师评价
分数（百分制）	单项分			
	总分			

学生自评占比 20%，学生互评占比 30%，教师评价占比 50%。单项分折合后计算总分。

评价结论：该生于_____学年第_____学期，参加学院劳动实践活动，实践时长：_____。根据其日常表现，鉴定格次为：_____。

第二节 了解劳动合同

【活动目标】

（1）了解劳动合同的形式、内容、要求。

（2）熟悉劳动争议发生时常见的处置方法。

【活动设计】

劳动实践是各学段在校学生的必修课程，课程的设置目的在于培养全面发展的学生最终走向社会，服务社会。大学生有必要了解就业相关法律知识和有可能遇到的法律问题。

1. 活动准备

请同学们在课前通过网络获得一些劳动合同相关法律条文和制式合同范本。

2. 活动流程

毕业生在进入求职阶段后，都要面临和就业单位进行劳动合同约束的环节。同学们先认真学习以下关于劳动合同的分类和主要条款的知识。

（1）用人单位与劳动者协商一致，可以订立固定期限劳动合同、无固定期限劳动合同和以完成一定工作任务为期限的劳动合同，如建筑业合同。需指出的是，法律同时规定了订立无固定期限劳动合同的法定情形，用人单位违反规定不与劳动者订立无固定期限劳动合同的，自应当订立无固定期限劳动合同之日起向劳动者每月支付二倍的工资。

（2）劳动合同的条款包括法定条款和任意条款两部分。大学生在就业过程中，需特别注意的是法律关于任意条款的规定。

1）试用期条款。法律依劳动合同期限的不同，对试用期期限做了长短不同的规定，最长不得超过六个月，且同一用人单位与同一劳动者只能约定一次试用期，以完成一定工作任务为期限的劳动合同或者劳动合同期限不满三个月的，不得约定试用期。

试用期包含在劳动合同期限内，劳动合同仅约定试用期的，试用期不成立，该期限为劳动合同期限。法律还对劳动者在试用期的最低工资标准做了规定。

2）违约金条款。2012 年修订实施的《劳动合同法》对违约金的适用对象和金额做了限制性规定。

用人单位为劳动者提供专项培训一般职工技能之外的额外技能的，可以与该劳动者订立协议，约定服务期；劳动者违反服务期约定的，应当按照约定向用人单位支付违约金；违约金的数额不得超过用人单位提供的培训费用；用人单位要求劳动者支付的违约金不得超过服务期尚未履行部分所应分摊的培训费用。

用人单位与劳动者可以在劳动合同中约定保守用人单位的商业秘密和与知识产权相关的保密事项，劳动者需遵守劳动合同中关于竞业限制的规定。

竞业限制的期限不得超过二年。在此期限内，用人单位按月给予劳动者经济补偿，劳动者违反竞业限制约定的，应当按照约定向用人单位支付违约金。

除以上两种情形外，用人单位不得与劳动者约定由劳动者承担的违约金。

（3）在劳动合同履行过程中，用人单位和劳动者都需遵守其中关于权利和义务的规定，其具体内容因劳动合同的不同而不同。

（4）劳动合同的解除。劳动合同可因双方当事人协商一致解除，也可由劳动者或用人单位依法律规定单方提出解除。

此外，大学生在就业过程中，应特别注意法律规定的用人单位不得解除劳动合同的情形，即劳动者有下列情形之一的：从事接触职业病危害作业的劳动者未进行离岗前职业健康检查，或者疑似职业病病人在诊断或者医学观察期间的；在本单位患职业病或者因工负伤并被确认丧失或者部分丧失劳动能力的；患病或者非因工负伤，在规定的医疗期内的；女职工在孕期、产期、哺乳期的；在本单位连续工作满十五年，且距法定退休年龄不足五年的；法律、行政法规规定的其他情形。但若同时出现劳动者严重违反单位规章制度、被追究刑事责任等情形，则用人单位依然可以即时解除劳动合同。

（5）劳动合同的终止。其法定情形，除劳动合同期满外，还包括劳动者开始依法享受基本养老保险待遇的；劳动者死亡，或者被人民法院宣告死亡或者宣告失踪的；用人单位被依法宣告破产的；用人单位被吊销营业执照、责令关闭、撤销或者用人单位决定提前解散的等。

用人单位与劳动者不得在上述劳动合同终止情形之外约定其他的劳动合同终止条件。

同学们学习以上相关法律法规后，可以通过多种方式检查、测试知识的掌控程度。

【活动评价】

项　目		学生自评	学生互评	教师评价
分数 （百分制）	单项分			
	总分			

学生自评占比20%，学生互评占比30%，教师评价占比50%。单项分折合后计算总分。

评价结论：该生于_____学年第_____学期，参加学院劳动实践活动，实践时长：_____。根据其日常表现，鉴定格次为：_____。

第三节　发生劳动争议时的法律保护

【活动目标】

（1）了解什么是劳动争议，以及劳动争议发生时常用的法律法规。

（2）熟悉劳动争议发生时常见的处置方法。

【活动设计】

大学生在就业中首先应增强法律意识，努力防患于未然。一旦发生劳动争议，大学生应从实践情况出发，注意选择合理的解决方式。

1. 活动准备

请同学们在课前通过网络获得一些劳动争议的典型案例。

2. 活动流程

同学们先学习以下关于解决劳动争议的程序的相关知识。

（1）协商。劳动争议发生后，双方当事人可先进行协商，以达成解决方案。对于矛盾不太尖锐的劳动争议，提倡以这种方式来解决，这往往也是双方都容易接受的，对劳动者个人来讲，不一定一旦发生劳动争议就不在原单位工作了，所以更应注意使用协商的方式解决纠纷。当然，这并不是说要对用人单位做无谓的妥协，而是强调协商是双方最易接受，效果也最好的方式。

（2）调解。就是企业调解委员会对本单位发生的劳动争议进行调解。这不是处理劳动争议的必经程序，但对劳动争议的解决意义重大，特别是对希望继续留在本单位工作的劳动者来说，若能够通过调解解决劳动争议，不失为一种理想的选择。

（3）仲裁。劳动争议调解不成的，当事人可以向劳动争议仲裁委员会申请仲裁，当事人也可以不经调解直接向劳动争议仲裁委员会申请仲裁。需要强调的是，仲裁是劳动争议处理的必经程序。就是说，当事人未经仲裁程序不得直接向人民法院起诉，否则，人民法院不予受理。

（4）诉讼。当事人对仲裁裁决不服的，可以自收到仲裁裁决书之日起 15 日内向人民法院起诉。当事人如果对人民法院的一审判决不服，可以提起上诉，二审判决是终审判决，当事人必须执行。

同学们在学习完关于劳动争议的法律保护知识后，通过典型案例分析，掌握处理劳动争议的方法。

【活动评价】

项　　目		学生自评	学生互评	教师评价
分数 （百分制）	单项分			
	总分			

学生自评占比 20%，学生互评占比 30%，教师评价占比 50%。单项分折合后计算总分。

评价结论：该生于_____学年第_____学期，参加学院劳动实践活动，实践时长：_____。根据其日常表现，鉴定格次为：_____。